AF432396

Fiche de lecture illustrée

Candide ou l'optimisme

de Voltaire

par Frédéric Lippold

Table des matières

Présentation de l'auteur

Voltaire à 13 ans
(peint par Robert Tournières)

Le **21 novembre 1694, François-Marie Arouet** naît à Paris.

Il est le **fils d'un riche bourgeois,** notaire ayant fait fortune dans les étoffes. On lui donne une éducation solide : à 10 ans, il entre au collège parisien jésuite[1] **Louis le Grand** (un des meilleurs lycées de France, encore aujourd'hui). Il est doué mais **insoumis** : c'est déjà un esprit libre.

En 1713, il suit des **études de droit** comme le veut son père, mais François-Marie désire devenir **homme de lettres.**

Connu et apprécié pour son **esprit vif et parfois moqueur,** le jeune homme se fait remarquer dès l'âge de 23 ans : il rédige un **pamphlet**[2] contre le régent et doit s'exiler près d'Orléans. Peu de temps après, **on l'emprisonne à la Bastille** en raison de ses écrits insultants contre le pouvoir royal.

Bientôt libéré, il publie en 1718 une pièce de théâtre intitulée **Œdipe** et récolte un grand succès (50 représentations). Il commence à utiliser un autre nom qui paraît plus noble que « Arouet » : « **M. de Voltaire** ».

Voltaire âgé de 31 ans

Mais l'homme est **provocateur** : il se querelle avec un noble, le chevalier de Rohan[3], en 1726. Il retourne derrière les barreaux quelques semaines. On lui propose de partir : il accepte et **s'exile en Angleterre.**

Séduit là-bas par la liberté de ton et d'opinion, il revient toutefois à Paris en 1729 et retrouve le succès, avec des pièces de théâtre inspirées de Shakespeare : *Brutus* (1730) et *Zaïre* (1732). Toujours agitateur, il **critique sévèrement le système français,** ce qui lui vaut la désapprobation du roi de France Louis XV.

---

[1] Les jésuites sont les membres de la « **Compagnie de Jésus** », ordre religieux fondé en 1540, exclusivement masculin et soumis au pape, ayant la réputation d'être **strict.**

[2] Écrit assez violent et agressif, souvent dirigé contre un individu ou un pouvoir, en vue de le dénoncer et/ou le contester.

[3] La famille Rohan était une des plus célèbres familles du Royaume de France.

Publiant les Lettres philosophiques, il doit s'exiler encore une fois en 1734, au château de Cirey (dans l'est de la France), où réside **Mme Émilie du Châtelet**, son amante. Il revient quelque temps plus tard à Paris, et devient à partir de 1740 **l'ami du roi de Prusse**, Frédéric II.

Il effectue des **voyages** en Europe du Nord ainsi que des missions diplomatiques jusqu'en 1743.

Voltaire devient alors **reconnu par les puissants** : en 1744, il est nommé **poète de la cour du roi de France**. Deux ans plus tard, il entre à l'**Académie française**. Il écrit ses **premiers contes** : *Memnon, Histoire orientale…* Voltaire est **apprécié pour son talent** : Choiseul, ministre de Louis XV, devient son ami. Le philosophe entretient des relations amicales avec le « **beau monde** ». Turgot et Malesherbes, deux personnages importants du royaume, le soutiennent. Voltaire est toutefois virulent et se fait **beaucoup d'ennemis**.

En 1747, il publie *Zadig…* mais devient indésirable : il s'en va de Paris pour aller en **Lorraine** avec Mme du Châtelet chez le beau-père du roi, le flamboyant **Stanislas Leszcynski**.[4]

Mme du Châtelet meurt deux ans plus tard : c'est une **dure épreuve** pour François-Marie Arouet. Il semble aussi que **Paris se lasse** de l'écrivain-philosophe : ses pièces sont sifflées. En 1750, Voltaire s'en va pour Berlin à la cour du roi **Frédéric II**. Il devient son chambellan : il est chargé de **l'administration royale**. Il se consacre aussi à ses œuvres et publie *Le Siècle de Louis XIV, Micromégas* ou encore *Akakia*. Il commence à écrire le *Dictionnaire philosophique*. Finalement, **le roi prussien se lasse du penseur**, irrité par sa déloyauté et sa mauvaise foi[5] ; en 1753, Voltaire part se réfugier en Alsace pendant deux ans.

À la cour du roi Frédéric II

En 1755, **nouvel exil** : Voltaire s'installe avec sa nièce aux « *Délices* », un grand domaine près de Genève. Il continue d'écrire et rédige des articles de *l'Encyclopédie* : « *Finesse* », « *Goût* », « *Imagination* » et d'autres.

---

[4] Le noble polonais Stanislas Leszczynski était **roi déchu** de Pologne, réfugié en France. Sa fille Maria était l'épouse du roi Louis XV. Stanislas était bienfaiteur des artistes et des écrivains (il leur donnait des fonds) mais fut aussi architecte de Nancy.

[5] D'après Roger Peyrefitte (1907-2000), biographe de Voltaire.

Voltaire inspire l'article « *Genève* » au philosophe d'Alembert, mais ce qu'il dit ne plaît pas aux Genevois : Voltaire quitte la Suisse et se réfugie dans la ville française de **Ferney**, près de la frontière suisse.

Dans ce contexte chaotique, **Voltaire publie finalement *Candide* en janvier 1759**. Il s'installe définitivement à Ferney et publie des pamphlets ainsi que d'autres œuvres : la fin du Dictionnaire philosophique ou encore des contes, comme L'Ingénu (1767).

En 1762, il s'illustre en défendant le **protestant Calas**, accusé (injustement) d'avoir tué son fils pour qu'il ne se convertisse pas au catholicisme.

Peu de temps avant sa mort, **en février 1778**, Voltaire revient à Paris après 20 ans d'exil. Il est accueilli avec **enthousiasme**.

Le **30 mai 1778**, il décède. Le pouvoir révolutionnaire décide, en juillet 1791, de transférer son corps au Panthéon.

Voltaire a rédigé **énormément d'écrits** et mélangé les genres littéraires. Il a su accorder **tradition classique** et **modernité** de son siècle (celui des Lumières).

Voltaire âgé de 70 ans

Contexte de l'œuvre

Contexte intellectuel et philosophique

Voltaire traverse le **XVIIIème siècle**. À cette époque règne **Louis XV**, aussi appelé le « *Bien-Aimé* » : né en 1710, il devient roi à l'âge de 5 ans et gouvernera jusqu'à sa mort en 1774.

La période est **tendue** : si la littérature classique reste présente (avec des auteurs comme Marivaux ou l'Abbé Prévost), la **littérature « engagée »** connaît un véritable essor : lancée au XVIIème siècle (avec La Fontaine ou Molière par exemple), elle s'intensifie au XVIIIème siècle avec des **écrivains critiques** et des « **philosophes** », comme **Montesquieu** (qui dénonce les maux de la société française dans les *Lettres Persanes*, 1721), **Diderot** (son *Supplément au Voyage de Bougainville* dénonce le colonialisme ainsi que les pouvoirs religieux et étatique), **Rousseau** ou encore **Voltaire**.

Quatre philosophes des "Lumières" :
Montesquieu, Diderot, Voltaire et Rousseau

À cette époque, il existe une certaine **censure** : la publication des livres doit être autorisée par le royaume (c'est le « privilège du roi ») et à partir de 1742 sont créés 79 « censeurs royaux » qui examinent les ouvrages. Néanmoins, cela n'empêche pas la **circulation des livres interdits**, qui sont souvent imprimés à l'étranger et propagés en cachette.

En dépit de ce climat tendu, le XVIIIème siècle est **intellectuellement intense** : les **salons littéraires** se développent tandis que les **échanges entre penseurs européens** s'accentuent.

Contexte politique et détails biographiques sur l'auteur

Si la jeunesse de Voltaire était plutôt douce et sans souci, marquée par les plaisirs de la vie, des **événements douloureux** vont le faire sortir d'une certaine insouciance.

D'abord, des drames personnels, comme la **mort de son amante Émilie du Châtelet** en 1749 (il écrivit à sa mort, dans une lettre au comte d'Argental : « *Je n'ai pas perdu une maîtresse mais **la moitié de moi-même**. Un esprit pour lequel le mien semblait avoir été fait* »).

Le terrible **séisme de Lisbonne**, le 1ᵉʳ novembre 1755, est aussi un **déclencheur**. Ce désastre ébranle les hommes de l'époque. Après cette tragédie, beaucoup de gens se posent des questions : **un Dieu bon peut-il laisser advenir une telle horreur ?** Cette réflexion sera présente dans Candide.

La **Guerre de Sept Ans** (1756-1763) marque aussi Voltaire. Pendant ce conflit majeur (qu'on décrit parfois comme la première « guerre mondiale »), les pays et royaumes européens se sont déchirés, causant **plus d'un million de morts**. Les enjeux du conflit étaient en bonne partie **territoriaux** (notamment les colonies d'Amérique et d'Inde). La France en ressort grande perdante.

⇨ Un événement de cette guerre est évoqué au chapitre 23ᵉᵐᵉ de *Candide* : **l'exécution de** « *l'amiral* », un « *gros homme* ». Ce moment fait référence à l'exécution de l'amiral anglais **John Byng** (1704-1757), fusillé sur un bateau au large de l'Angleterre. La raison de son « crime » ? N'avoir pas fait « *tout son possible* » pour conserver l'île de Minorque, en 1756 (au début de la guerre de Sept Ans). L'île attaquée par les Français fut finalement perdue par les Anglais, et l'amiral Byng sera condamné à mort pour cela.

Présentation de l'œuvre

Origines du conte *Candide*

Pour écrire Candide, Voltaire s'est visiblement **inspiré** de plusieurs sources.

La plus importante semble être « *Le Quart Livre* » de Rabelais (publié en 1552), que Voltaire a lu en 1758. Ce livre raconte le **voyage maritime** de Pantagruel et ses amis, qui **naviguent d'île en île** en quête de sagesse. Dans ce livre, Rabelais s'attaque aux **superstitions** et aux dérives de l'Église. Il défend aussi la « *liberté de l'Esprit* ». Ces thèmes sont repris dans Candide.

Finalement, c'est à 64 ans que Voltaire publie le conte philosophique qu'il intitule « **Candide ou l'Optimisme** ». Ce récit, soi-disant « *traduit de l'allemand* », est rédigé par un étrange « **Docteur Ralph** ». Mais ce pseudonyme ne trompe, semble-t-il, personne : tout le monde reconnaît, derrière le « Docteur Ralph », la plume du provocant philosophe Voltaire. Pourtant, l'écrivain reste évasif et va même jusqu'à mentir pour ne pas révéler qu'il est bien l'auteur de ce conte.[6]

Caractéristiques du conte

Ce conte a de multiples facettes :

- **Références à l'actualité** (voir le chapitre précédent)
- **Réflexions ou références concernant certains auteurs et pensées :**
  - La philosophie de Leibniz en premier lieu,
  - Le philosophe suédois Jean Robeck, qui défend le suicide et s'est lui-même suicidé (mentionné dans le chapitre 12ème)
- **Évocation du passé du philosophe** (Voltaire est devenu orphelin de mère à 7 ans ; Candide est orphelin lui aussi. Voltaire prétendra aussi que son vrai père n'est pas M. Arouet ; Candide est bâtard)
- **Écrit militant** : dans *Candide*, Voltaire dénonce des injustices et défend certaines idées. Il critique par exemple le sort réservé aux esclaves (chapitre 19ème).

Voltaire profite aussi de ce livre pour **régler ses comptes** et il répond notamment à Rousseau, qu'il juge un peu trop optimiste.

L'ouvrage sera **réédité plus de 20 fois** du vivant de l'auteur.

---

[6] Au pasteur genevois Jacob Vernes, il écrit en mars 1759 : « *J'ay lu enfin Candide. Il faut avoir perdu le sens pour m'attribuer cette cochonerie. J'ay Dieu mercy, de meilleures occupations.* »

Structure du conte

Le conte suit une **progression** vers l'utopie, puis une **régression** pour arriver à la destination finale (la stabilité).

C'est aussi une **initiation de Candide** :

1) **Première partie** (chapitre 1er à 16ème) : on suit le départ douloureux de Candide vers d'autres terres, pour atteindre un pic à l'Eldorado. Son voyage ressemble à une **fuite**. Après être **livré à lui-même**, **victime balayée** par les événements, Candide est **guidé**[7]. Il commence cependant à remettre en cause ce qu'on lui a appris. Voici comment cette partie se décompose :

   a. **Expulsion** (chapitre 1er) Candide est **expulsé de son paradis terrestre** (le château)

   b. **La guerre et l'amitié** avec **Jacques l'anabaptiste** (chapitre 2ème à 6ème)

   c. Les **retrouvailles avec Cunégonde**, le **meurtre** des deux hommes et le **départ** pour l'Amérique latine, les retrouvailles avec le frère et la fuite (chapitre 7ème à 13ème)

   d. **La compagnie de Cacambo et arrivée au pays d'Eldorado** (chapitre 14ème à 19ème)

2) **Deuxième partie** : Le pays d'Eldorado, cœur du conte (chapitre 16ème à 18ème). L'endroit ressemble au Paradis : tout y est bien, les richesses abondent, il n'y a pas d'injustice, l'art et la science sont à leur apogée.

3) **Troisième partie** (chapitre 19ème à 30ème) : le héros est davantage **actif**, et son voyage ressemble plutôt à une **quête afin d'avoir des réponses**. De plus, il se montre plus **contestataire** : ainsi, il n'accepte plus les propos de Pangloss.

À la fin du conte, il retrouve enfin une stabilité qui repose sur le **travail**, le **soin à sa famille** et la **culture de sa terre**.

Le parcours de Candide

---

[7] Guidé par Jacques l'anabaptiste, la vieille et Cacambo

Personnages principaux

Contrairement à d'autres récits, *Candide* ne met pas en scène de personnages stéréotypés (exemple : le vieux amnésique, le jeune ambitieux, le sage père, la mère prudente …). Les protagonistes servent avant tout à illustrer la thèse et les idées de Voltaire. En ce sens, ce conte est bien un **conte philosophique**, car les **personnages sont utilisés** pour transmettre une opinion et défendre des valeurs. Toutefois, ces personnages paraissent tous **assez réalistes** et très humains dans leur comportement. Les « bons » protagonistes s'attirent une vraie **sympathie du lecteur**.

Candide

Candide est un jeune **orphelin** allemand. On ne connaît pas ses origines exactes, ni son vrai nom (Candide est un **surnom** : « *on le nommait Candide* »). Toutefois, il semble être d'**ascendance noble** : on pense qu'il est fils de la sœur du baron, et d'un homme issu de la noblesse : « *71 quartiers* », dit le texte, c'est-à-dire quatre générations d'ascendants nobles.[8] Néanmoins, Candide est un **bâtard**, puisque la femme a refusé de se marier avec le « *gentilhomme* » qui n'était pas entièrement noble (il avait besoin de 72 quartiers).

Au début de l'aventure, Candide vit dans un château de Westphalie (Allemagne), appartenant au baron de Thunder-ten-tronckh. Au premier chapitre, il va embrasser la fille du baron (Cunégonde) puis se faire **expulser** à cause de cela. Il va alors **vivre de nombreuses aventures** en Europe et en Amérique du Sud, qui vont le **forger** en tant qu'homme, et lui **enseigner beaucoup de leçons**. Il va apprendre à ne plus penser comme son maître Pangloss, mais à raisonner par lui-même.

Candide a un **très bon caractère** : doté d'un beau physique (sans plus de précision), c'est un jeune homme **doux, pur** et **honnête** (il était doté « *de pensées les plus douces, qui avait une physionomie qui annonçait son âme et sa pureté* » - chapitre 1er). Il ne **ment pas** : « *son âme était trop pure pour trahir la vérité* » (chapitre 13ème) et est **très sensible** (il **pleure** quand il doit abandonner Cunégonde – chapitre 14ème – ou lorsqu'il croise l'esclave noir amputé – chapitre 19ème).

Il a encore d'autres qualités : il est **adroit** à l'épée ainsi qu'au pistolet. De plus, il **maîtrise l'art militaire** suite à sa formation chez les Bulgares (chapitre 2ème), et cela lui permettra d'être **capitaine** contre les jésuites du Paraguay (chapitre 10ème). Par ailleurs, il sait être **ferme et actif** en cas de besoin : **il tue** don Issachar et le grand inquisiteur (chapitre 9ème) puis blesse grièvement le frère de Cunégonde (chapitre 15ème) et fusille enfin deux singes qu'il croit coupables d'agression sur des femmes (chapitre 16ème).

---

[8] Si on en croit cette description, il se pourrait que Candide soit le cousin de Cunégonde.

Candide est un garçon ouvert à l'**échange** et aux **voyages**. Son principal défaut est sa **naïveté** : il n'a pas beaucoup de sens critique. En effet, **il n'a pas connu la vie à l'extérieur du château** et ne connaît pas le vrai caractère des hommes. Ainsi, **il ne sait pas deviner le mal chez les gens** au début de l'histoire. Ainsi, il n'a **pas de sens critique** au début du conte, ayant été « *élevé à ne jamais juger de rien par lui-même* » (chapitre 25ème).

On lui découvre d'autres **faiblesses** : il a un **côté impulsif et a parfois du mal à se contrôler** (lorsqu'il tue les hommes et les deux singes). Il a aussi une légère **vanité**, souhaitant par exemple **briller en société** (il veut quitter l'Eldorado chargé de richesses avec Cacambo : « *nous serons plus riches que tous les rois ensemble* », chapitre 18ème).

Néanmoins, ces quelques faiblesses ne gâchent pas le personnage : Candide reste un homme **très bon, juste et compatissant**. Même si son **caractère pur et naïf** peut sembler une faiblesse, en réalité cela lui permet de **gagner la confiance de son entourage** : Jacques l'anabaptiste l'aide et accepte de soigner son ami Pangloss (chapitres 3ème et 4ème), le valet Cacambo l'apprécie beaucoup et l'accompagne (chapitre 14ème) puis se sépare de lui avec tristesse (chapitre 19ème), Martin le suit (chapitre 19ème et suivants), Paquette lui « *ouvre son cœur* » et se confie à lui (chapitre 24ème).

À la fin du conte, le jeune homme fade du chapitre premier devient même le **chef du groupe** : on dirait que tous se sont rangés derrière son autorité.

⇨ Une des morales du conte est peut-être que **la bonté et le bon caractère sont de réelles qualités**, plus efficaces que la force et la dureté.

Par ailleurs, Candide semble être le seul à n'avoir **pas beaucoup changé extérieurement** (contrairement à Cunégonde, Pangloss ou Paquette, qui ont subi l'usure du temps).

Pourtant, **son état d'esprit a changé** : peu à peu, **Candide finit par avoir un sens critique**. Il prend même des **initiatives** (au chapitre 23ème, il négocie pour que le bateau n'accoste pas en Angleterre mais reparte pour Venise). Plus important, il se détache de la philosophie optimiste de son maître Pangloss, même s'**il a du mal à l'abandonner complètement** (encore au chapitre 23ème, il dit encore : « *Tout est bien, tout va le mieux qu'il soit possible* »)

Finalement, au dernier chapitre (chapitre 30ème), Candide est devenu un **homme responsable et réaliste**. Il n'est plus rêveur ou insouciant, au contraire il est **actif et concret**, s'occupant de sa communauté avec **sérieux**.

Cunégonde

C'est une **femme noble**, comme on peut le lire au chapitre 10ème :
« *Je suis née baronne avec soixante et douze quartiers* ».

Le prénom Cunégonde est d'origine germanique, il vient de
« *kühn* » (hardi, audacieux) et « *gund* » (combat). Cela dénote le
courage de cette femme, qui va **subir beaucoup d'épreuves** tout
au long du récit.

Attirée par Candide, elle l'embrasse au chapitre 1er puis
s'évanouit quand son père la surprend. Après le départ de
Candide, on apprend qu'elle a été **violée** et **éventrée**. On la croit
morte mais finalement Candide la retrouve au chapitre 7ème. Prisonnière d'un capitaine
bulgare, elle est vendue à un banquier juif appelé don Issachar, qui la prend comme
maîtresse. Il la partage ensuite avec le grand inquisiteur (chapitre 8ème).

Cunégonde est libérée par Candide au chapitre 9ème, puis ils vont ensemble en
Amérique, accompagnés de la vieille. Candide doit alors s'enfuir car il est poursuivi
pour le meurtre de l'inquisiteur ; Cunégonde est de nouveau séparée de lui. Repérée
par le gouverneur prétentieux de Buenos-Aires, elle devient sa maîtresse favorite
(chapitre 19ème).

Elle se fait libérer plus tard suite à la rançon de 2 millions de livres
payée par Cacambo. Hélas, sur le chemin du retour, Cunégonde,
Cacambo et la vieille sont attaqués par un pirate, volés puis
emmenés dans les régions turques. Cunégonde et la vieille
deviennent esclaves d'un souverain turc, nommé Ragotski (on
l'apprend au chapitre 27ème). On apprend aussi que Cunégonde « *a
perdu sa beauté, et qu'elle est devenue horriblement laide* ».

À la fin du conte, Cunégonde est effectivement **devenue** « *bien laide* ». Néanmoins,
Candide se marie avec elle, davantage **par devoir et fierté**[9] que par amour. Hélas,
Cunégonde devient **acariâtre** et **désagréable**. Mais les choses s'arrangent quand **elle se
met au travail**, avec tout le clan : on lui découvre alors la qualité d'« *excellente
pâtissière* » (chapitre 30ème).

---

[9] Candide ne supporte pas que le frère de Cunégonde s'obstine à refuser le mariage, alors qu'il a
tellement aidé sa famille, tandis que Cunégonde n'est même plus attirante.

Le frère de Cunégonde, fils du baron

Fils du baron, il est rescapé de la destruction du château de Thunder-ten-tronckh. **On le croit mort** une première fois, tué lors de l'invasion du château par les Bulgares.

Finalement, **on le retrouve vivant** dans le chapitre 14ème : il est devenu **commandant des jésuites** et **baron** (son père est décédé). Il retrouve Candide avec joie, mais lorsque ce dernier annonce qu'il veut se marier avec Cunégonde, le commandant devient **très dur** : il s'oppose à ce mariage car Candide n'est pas tout à fait noble !

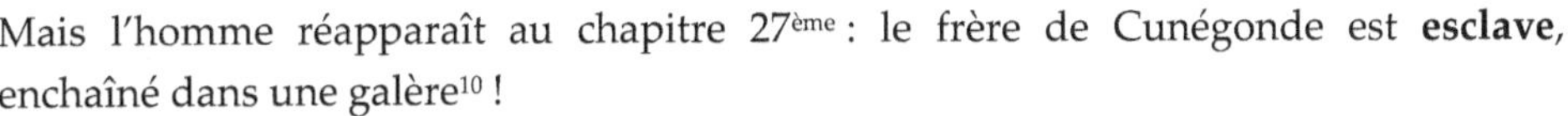

Avec le plat de son épée, il frappe au visage Candide, qui se défend en enfonçant son épée dans le ventre de son adversaire : **le frère de Cunégonde tombe**, poignardé.

Candide (et le lecteur) pense alors qu'il est mort (une deuxième fois).

Mais l'homme réapparaît au chapitre 27ème : le frère de Cunégonde est **esclave**, enchaîné dans une galère[10] !

Il raconte son histoire au chapitre 28ème : gravement blessé par Candide (chapitre 15ème), il est finalement guéri par un frère apothicaire, puis une patrouille espagnole l'arrête. On le met en **prison**. Ayant appris que sa sœur a quitté Buenos-Aires, il demande à repartir pour Rome, ce qui est accepté : il est nommé **aumônier à Constantinople** auprès de l'ambassadeur de France. Un jour qu'il fait chaud, il se baigne alors qu'un jeune turc nu se trouve dans le bain. Le frère de Cunégonde est attrapé pour **indécence** et condamné à 100 coups de bâton sous les pieds, puis à ramer sur une galère.

Il est finalement **libéré par Candide**, qui achète sa liberté à bord du bateau. Le baron lui fait un signe de tête de reconnaissance et lui dit qu'il lui remboursera la somme.

Au chapitre 29ème, l'homme **refuse** (encore et toujours !) le mariage de Candide avec la laide Cunégonde. Candide est **rouge de colère** et menace de le tuer, mais le frère de Cunégonde reste inflexible. Il campe sur ses positions malgré les pleurs de sa sœur.

C'en est trop : finalement, au chapitre 30ème, **Candide et ses compagnons se débarrassent de lui** en le rendant aux autorités turques (contre de l'argent), afin qu'il soit envoyé à Rome chez le « *père général* » (supérieur des Jésuites) pour y être puni.

---

[10] Une galère est un navire à rames et à voiles. Des esclaves étaient souvent utilisés pour ramer : on les appelait les « galériens ».

Pangloss

Pangloss est un **philosophe** et **professeur** de métaphysico-théologo-cosmolonigologie[11]. Il est aussi le **précepteur**[12] de Candide.

Son nom viendrait du grec « *pánglôssos* » qui veut dire « *parlant toutes les langues* ». Cela peut aussi être compris comme : « *parle beaucoup* ». Il défend l'idée que notre monde est **le meilleur des mondes possibles** : « *tout est au mieux* » (chapitre 1er).

On apprend au chapitre 1er que l'homme a des relations intimes avec la servante Paquette (« *le docteur Pangloss (…) donnait une leçon de physique expérimentale à la femme de chambre* »).

Dans le conte, le philosophe va vivre de grandes difficultés : dès le chapitre 4ème, on retrouve un **Pangloss ravagé** par la vérole. Soigné par Jacques, il s'en sort avec **un œil et une oreille en moins… !**

Pangloss **cherche toujours à justifier les événements qui se produisent**, malgré les tragédies et les horreurs. Ceci le rend **ridicule, incapable de faire face à la réalité**. Pire encore, ses propos sur le « *meilleur des mondes* » ne font qu'aggraver la situation ! En effet, Pangloss est **arrêté** par l'inquisition à cause de ses paroles (chapitre 6ème) et il entraîne Candide avec lui.

Il traverse de **dures épreuves** : on le **pend** lors d'un autodafé mais la corde mouillée ne l'étrangle pas. On le croit mort ; il est acheté par un chirurgien qui commence à lui ouvrir le ventre. Transi de douleur, il **crie**. On le pense possédé par le diable mais finalement, le médecin et sa femme l'aident à se rétablir.

Rétabli, Pangloss devient assistant d'un marchand de Venise, mais un jour, il entre dans une mosquée et y trouve une femme à moitié nue et lui ramasse son bouquet de fleurs pour le lui redonner. L'imam de l'endroit le repère et **le dénonce** : on lui donne des **coups de lattes sur la plante des pieds** et il est **envoyé sur une galère** pour **ramer** (récit au chapitre 28ème). Finalement, Candide le trouve sur le bateau et le **libère contre de l'argent**, en même temps que le frère de Cunégonde (chapitre 27ème). Pangloss est ému aux larmes et se jette « *aux pieds de son libérateur* ».

À la fin du roman, Pangloss **persiste à défendre sa théorie, avec mauvaise foi** : « *mais ayant soutenu une fois que tout allait à merveille, il le soutenait toujours, et n'en croyait rien* » (chapitre 30ème). Ceci le rend quelque peu **absurde et borné** : la vision qu'il défend n'est

---

[11] Ce **mot-valise** (fusion d'au moins deux mots existants) contenant « *cosmonigologie* » laisse apparaître l'**absurdité** de Pangloss : il ressemble vraiment à un « *nigaud* » (c'est-à-dire un sot, un imbécile).

[12] Le précepteur est une personne chargée de l'éducation, de l'instruction d'un enfant (de famille noble et/ou riche) à domicile

plus du tout crédible et Pangloss semble l'avoir compris, mais il refuse de revenir dessus.

Ce personnage fait référence, de façon explicite, au philosophe Leibniz. On comprend vite que la spécialité de Pangloss (la « *métaphysico-théologo-cosmolonigologie* ») est une parodie de la « *monadologie* » de Leibniz.[13]

Gottfried Wilhelm Leibniz.

En définitive, Voltaire critique ce philosophe et de sa pensée.

Jacques l'anabaptiste

Il apparaît au chapitre 3ème. Cet homme hollandais est un **travailleur** : il possède des « *manufactures aux étoffes de Perse* ». Membre d'un courant chrétien protestant (l'**anabaptisme**[14]), il est **généreux** et **chaleureux**, en recueillant le vagabond Candide et s'occupant de lui. C'est la **première âme charitable** que rencontre Candide après son expulsion du château.

Jacques est **raisonnable** et **réaliste** : il va contredire Pangloss l'optimiste, lorsque ce dernier affirme que « *tout était on ne peut mieux* » (chapitre 4ème).

Fidèle à lui-même, droit et bon, Jacques essaye de secourir un matelot lors d'un naufrage mais **meurt noyé** (chapitre 5ème). À ce passage, le lecteur ressent de la **tristesse** car l'événement paraît injuste : le bon Jacques est mort alors que le rude matelot est rescapé de la tempête.

La vieille

Cette **mystérieuse dame** apparaît à la fin du chapitre 6ème. Étonnamment, on ne connaît pas son nom. Elle **porte secours à Candide** et le **soigne** pendant 3 jours. Au chapitre 7ème, elle amène Cunégonde auprès de Candide.

On apprend alors qu'elle est la **fille du pape Urbain X**[15] en plus d'être **d'ascendance noble.** Son fiancé est mort empoisonné quand elle était jeune, puis elle a été envoyée au **Maroc** par des pirates. Violée, blessée, elle a été recueillie par un eunuque italien qui va la trahir. Elle a **beaucoup souffert dans sa vie**.

---

[13] La *Monadologie* est une œuvre de Leibniz datant de 1714, qui parle du système philosophique de ce penseur. On y parle de Dieu, des éléments du monde (les « monades ») et du monde créé. Leibniz y prouve l'existence d'un Dieu parfait.

[14] L'**anabaptisme** naît d'une dissidence protestante au XVIème siècle. Ce courant refuse l'intervention de l'État dans l'Église, et n'admet pas la validité du baptême des enfants : **le baptême doit être fait à l'âge de raison**, donc volontairement. Or chez les catholiques, le sacrement du baptême doit être fait le plus tôt possible après la naissance (pour une partie des catholiques, l'enfant qui meurt sans être baptisé va en Enfer).

[15] Ce pape n'existe pas en réalité

C'est la servante du banquier juif don Issachar. Après le meurtre de ce dernier, elle s'enfuit en prenant la route pour l'Amérique avec Cunégonde et Candide.

Elle aide Candide à comprendre que la « vraie » vie est difficile et à questionner l'optimisme qu'il a appris. Elle incarne, en quelque sorte, ce qui attend Cunégonde : autrefois très belle et riche, la vieille est devenue laide et pauvre. Elle n'en reste pas moins très **généreuse**.

À la fin de l'histoire, lorsque Candide achète la propriété de Turquie où loge son clan, **la vieille s'ennuie horriblement** et en souffre beaucoup. Finalement, suivant les conseils du vieillard turc, **elle se met également au travail** et s'occupe du linge.

Cacambo

Le valet Cacambo apparaît au chapitre 14ème. Il a « *un quart d'Espagnol* » et est né au Tucuman (chapitre 19ème) d'un **métis** [16]. Cacambo est **débrouillard** : il a eu de nombreux métiers et activités, comme « *enfant de chœur, sacristain* [17], *matelot, moine, facteur, soldat, laquais* ».

Cacambo fait preuve de **joie de vivre** et se montre **généreux** : c'est un « *fidèle* » et « *très bon homme* » (chapitre 19ème). Il accompagne Candide jusqu'au pays d'Eldorado et se fait son **interprète** car l'homme sait parler le péruvien (c'est sa langue maternelle).

Candide, au départ « *bon maître* » devient peu à peu son « *ami intime* ». Au chapitre 19ème, Cacambo **se sépare avec tristesse de Candide**, pour aller racheter Cunégonde à Buenos-Ayres (*sic*).

À la fin de l'histoire, il revient en compagnie de Candide et de son clan. Il se retrouve à **travailler très dur** en s'occupant de la ferme, alors que les autres se tournent les pouces. Puis, grâce à l'intervention du vieux turc, **tout le monde se met au travail** : on imagine que Cacambo mène alors une vie moins usante.

Martin

Apparaissant au chapitre 19ème, il est **prétendant** pour accompagner Candide parmi beaucoup d'autres « *hommes malheureux* », suite à l'annonce qu'a passée Candide (il recherche alors un **homme honnête**, le plus malheureux de la province, afin de l'accompagner par bateau de l'Amérique jusqu'en France).

Il s'agit d'un « *homme bon* », « *pauvre savant* » qui a travaillé 10 ans « *pour les libraires à Amsterdam* », peut-être le pire métier pouvant exister selon Candide. Il a vécu des

---

[16] À l'époque de Voltaire, il semble que le métissage ait été mal vu. Cacambo incarne au contraire un personnage bon.

[17] Personne employée par l'Eglise qui s'occupe du bon déroulement matériel des célébrations (ex : préparation des objets...)

moments difficiles car il a été « *volé par sa femme, battu par son fils* » et « *abandonné de sa fille* ». Au Surinam, il se retrouve **persécuté** parce qu'il est pris pour un socinien (membre d'un groupe chrétien niant certains dogmes de l'Église). C'est lui que choisit Candide pour son voyage vers l'Europe.

Martin est **pessimiste** : il incarne **l'opposé de Pangloss**. Il se montre **sévère**.

En effet, Martin est sans espoir : il n'a « *rien à espérer* » (chapitre 20ème). À la fin de l'histoire, il se retrouve également avec Candide et reste encore très **sombre**, « *fermement persuadé qu'on est également mal partout* ».

Toutefois, les propos du vieillard turc **résonnent en lui** et il conclut sur les **bienfaits du travail** : « *Travaillons sans raisonner, dit Martin, c'est le seul moyen de rendre la vie supportable* ».

Personnages secondaires

Nous mentionnons ici les personnages secondaires, selon leur **ordre d'apparition** dans le conte.

Monsieur le baron

C'est un personnage **noble** et **vaniteux, qui vit dans son château en Westphalie** (une région de l'Allemagne aujourd'hui). On apprend au chapitre 4ème qu'il a été tué (on lui a « *cassé la tête* »). Son château a été détruit. 

Madame la baronne

Épouse du baron, elle est respectée pour son… poids : elle pèse « *trois cent cinquante livres* » (environ 170 kilos… !)

Elle vivra un destin tragique, puisqu'elle sera « *coupée en morceaux* » après le départ de Candide, lors de l'attaque du château par les Bulgares.

La servante Paquette

Femme de chambre au château de Thunder-ten-tronckh, Paquette a des aventures amoureuses avec le philosophe Pangloss. Hélas, elle transmet la vérole à Pangloss, qui développe la maladie et en ressort défiguré. 

Paquette **fuit le château** lorsqu'il est envahi et devient la maîtresse d'un médecin ; elle se fait battre par la femme de ce dernier. Puis lorsque le médecin empoisonne sa femme, Paquette passe au tribunal mais le juge ne la condamne pas, en échange de relations intimes. Puis, abandonnée, elle **devient prostituée et mène une vie difficile à Venise**.

Candide souhaite l'aider et lui **donne de l'argent**, ainsi qu'à son amant le frère Giroflée (chapitre 24ème).

À la fin du roman, on la retrouve avec frère Giroflée. **Appauvrie**, **avilie** (c'est une prostituée qui ne gagne plus d'argent), elle sera accueillie dans la propriété de Candide. Là, elle devient **brodeuse** et mène enfin une vie plus digne.

Le méchant matelot

Il apparaît au chapitre 5ème, lors du naufrage, et frappe le bon Jacques l'anabaptiste. C'est alors qu'il est projeté dans la mer, mais Jacques, qui n'est pas rancunier, le sauve. Le matelot n'est pas reconnaissant et, lorsque c'est au tour de Jacques de tomber dans l'eau, **il ne l'aide pas et Jacques meurt**.

Après ce naufrage, le marin arrive à Lisbonne. Après le séisme, il vole de l'argent, boit de l'alcool et assouvit ses passions.

Cet exemple illustre la **méchanceté et la perversité humaine**. Il démontre l'absence supposée de justice divine (pourquoi le bon Jacques meurt alors que le matelot mauvais survit ?).

Le banquier juif, don Issachar

Mentionné au chapitre 8ème, cet homme a acheté Cunégonde à un capitaine bulgare et en a fait son esclave sexuelle. Il la **partage** avec le grand inquisiteur.

Au chapitre 9ème, il entre dans la maison où se trouve Cunégonde pour profiter d'elle et veut poignarder Candide. Mais Candide est plus adroit et **le tue** avant.

Don Issachar est finalement jeté « *à la voirie* » (chapitre 9ème).

Le grand inquisiteur

Le grand inquisiteur a dirigé l'autodafé du chapitre 6ème. On y a brûlé trois personnes, tandis que Pangloss y a été (mal) pendu et Candide fessé.

On apprend au chapitre 8ème qu'il utilise Cunégonde pour assouvir ses passions. Il la partage avec don Issachar.

Au chapitre 9ème, il arrive à 1h du matin pour voir Cunégonde et profiter d'elle. Il la trouve avec Candide et ce dernier **le tue** avec son épée, car il sait qu'il risque gros s'il est capturé (il vient de tuer don Issachar). La **jalousie** et l'esprit de **vengeance** ont aussi poussé Candide à tuer le grand inquisiteur. L'inquisiteur sera enterré « *dans une belle église* ».

Le gouverneur de Buenos-Ayres, Don Fernando

Apparaissant au chapitre 13ème, ce commandant espagnol se fait appeler
« *don Fernando d'Ibaraa, y Figueora, y Mascarenes, y Lampourdos, y Souza* ». C'est
un homme **fier, hautain** et **méprisant**, doté d'une voix forte ; tout le monde
le déteste.

Il tombe sous le charme de Cunégonde et veut l'épouser. Finalement, il la
prendra comme maîtresse favorite. Il acceptera de la rendre pour « *deux
millions* » de livres (chapitre 27ème).

L'esclave, dit le « *nègre* »

Il apparaît au chapitre 19ème. C'est un **esclave au
Surinam**. Il travaillait dans une sucrerie mais la
meule (utilisée pour broyer la canne à sucre) a
attrapé son doigt, donc on lui a **coupé la main**.
Puis, il a essayé de s'enfuir de la fabrique mais il a
été rattrapé et a été **puni** : on lui a coupé la jambe
gauche. Quand il raconte son histoire à Cacambo et
Candide, ce dernier commence à pleurer.

Voltaire utilise ce personnage pour dénoncer la **traite barbare des esclaves**, commise
par les colons européens en Amérique du Sud.

M. Vanderdendur

Ce négociant hollandais apparaît au 19ème chapitre.

Comme souvent dans les œuvres de Voltaire, on retrouve
un **jeu de mots** : « *van der* » veut dire « **de le** » ou « **de la** »
en hollandais, on comprend donc le sens : « *Qui a la dent
dure* »[18].

Il **est le maître de l'esclave**. C'est lui qui lui a infligé un
traitement cruel (notamment la jambe coupée car il a voulu
s'enfuir). On le retrouve au chapitre 20ème, où il accepte
d'emmener Candide à Venise pour 10 000 piastres. Voyant
que Candide cède facilement au marché, il demande alors 20 000 puis 30 000 piastres.
Candide accepte, le marchand hollandais **se fait payer d'avance et embarque les
moutons** pleins de richesses. Au moment de partir, Candide veut rejoindre le bateau
mais M. Vanderdendur s'en va sans lui !

---

[18] « *Avoir la dent dure* » signifie être **dur et sévère envers quelqu'un, manquer d'indulgence**

Au chapitre suivant (21ème), le bateau de M. Vanderdendur est **attaqué** par un autre bateau puis **coulé**. Le **vilain homme meurt noyé** avec des dizaines d'autres personnes, devant les yeux de Candide et Martin (qui y voient une punition divine).

Frère Giroflée

Cet homme apparaît au chapitre 24ème. Il s'agit de **l'amant de Paquette** (l'ancienne servante du château). Il a été forcé par ses parents à devenir **moine**, à l'âge de 15 ans.

C'est un homme qui vit bien, mais il ne supporte plus sa vie **dans le couvent**. L'ambiance y est affreuse et l'endroit est mortellement triste : « *La jalousie, la discorde, la rage, habitent dans le couvent* » (chapitre 24ème).

On retrouve frère Giroflée au dernier chapitre, avec Paquette. L'homme est devenu musulman et se retrouve sans argent, tout comme son amante.

Finalement, il finit par s'installer avec Paquette dans la métairie (petite propriété agricole) achetée par Candide. Ils y sont malheureux, mais **tout s'arrange quand le clan se met au travail** sur les conseils du vieux Turc : Giroflée devient « *très bon menuisier* » et « *honnête homme* ».

Pococurante

Il apparaît au chapitre 25ème. Pococurante signifie « *qui se soucie de peu de choses* », « *indifférent* » : cela qualifie bien le personnage.

Il s'agit d'un sénateur vénitien de **soixante ans**, qui est **excessivement riche**. Il vit dans un palais luxueux et dispose d'une bibliothèque impressionnante. Pourtant, il est **désabusé** : rien ne l'enchante, tout l'ennuie. Son exemple nous montre que les biens terrestres ne sauraient suffire à nous rendre heureux.

Le sage derviche

Il apparaît au chapitre 30ème. Ce religieux musulman est consulté par Candide et Pangloss, qui veulent comprendre pourquoi l'homme a été créé. Ils voudraient aussi connaître la raison de tant de mal sur terre. Pangloss lui adresse la parole, mais l'homme lui répond : « *De quoi te mêles-tu ? Est-ce là ton affaire ? (…) Qu'importe qu'il y ait du bien ou du mal ?* »

Pour lui, il n'y a pas de raison à chercher dans les difficultés que nous vivons sur terre ; il faut simplement se « *taire* ». Il claque ensuite la porte au nez à Pangloss, qui souhaite philosopher avec lui.

Le vieillard turc

Cet homme apparaît au chapitre 30ème, après le derviche.

Décrit comme un « *bon musulman* », il donne le point final de l'histoire : il faut **travailler**, **prendre soin de sa famille**, **ne pas perdre son temps** dans des paroles inutiles, **ne pas se mêler des affaires publiques** et de la politique.

Ses conseils vont être suivis par Candide et ses proches : l'ennui disparaît, la ferme se développe et les habitants s'épanouissent enfin.

Résumé illustré, chapitre par chapitre

Chapitre 1er

« Comment Candide fut élevé dans un beau château, et comment il fut chassé d'icelui[19] »

On apprend l'existence du jeune Candide, un bâtard d'ascendance noble qui habite au château de Thunder-ten-tronckh. Il vit avec son professeur philosophe **Pangloss**, chez le **baron** et **sa femme** (une grosse dame), entouré de la **fille du baron** (la belle Cunégonde) et le **fils du baron**. Il y a aussi Paquette, une servante.

Un jour, Cunégonde se promène dans le parc et aperçoit Pangloss qui a des rapports intimes avec la servante. Elle en est excitée et va voir Candide. Les deux s'embrassent derrière un paravent, c'est alors que le baron les aperçoit.

Candide est alors **chassé** par le baron d'un **coup de pied** au derrière, tandis que Cunégonde s'évanouit et est giflée par sa mère. Cela marque le départ de Candide, qui est expulsé de son « paradis terrestre ».

---

[19] D'icelui = de celui-ci

Chapitre 2ème

« Ce que devint Candide parmi les Bulgares »

Candide est abattu. Il erre sans but, triste et repensant à Cunégonde.

Le ventre vide, dans le froid, il se rend à la ville voisine de Valdberghoff-trarbk-dikdorff. Là, des **soldats bulgares** habillés de bleu le repèrent et le flattent pour qu'il intègre l'armée.[20] Il accepte et subit alors un **dur entraînement**.

Un jour, Candide part se promener. Quatre soldats de l'armée le trouvent et le suspectent de **désertion** : ils le **jettent dans un cachot**. On lui propose la peine de mort ou la flagellation : il choisit d'être battu et reçoit donc **4000 coups**. N'en pouvant plus, Candide demande à être achevé. Le roi des Bulgares passe alors par hasard près de Candide, et lui **accorde une grâce**.

Le pauvre homme est alors **soigné pendant trois semaines** par un chirurgien. Quand il est rétabli, la bataille des Bulgares contre les Abares[21] commence.

Chapitre 3ème

« Comment Candide se sauva d'entre les Bulgares, et ce qu'il devint »

Candide se retrouve au milieu d'un **champ de bataille** : plus de 30 000 hommes sont tués à coups de canon, mousquets, baïonnettes…

Dans sa fuite, Candide traverse un village abare **dévasté par les Bulgares** : vieillards lacérés, femmes égorgés, femmes violées et laissées pour morts, d'autre brûlées…

Puis le jeune homme passe par un autre village, bulgare cette fois-ci… **Les abares y ont commis les mêmes atrocités !**

---

[20] Le bleu des soldats bulgares fait référence au bleu des uniformes prussiens.

[21] Les Abares sont des cavaliers nomades d'origine turque, issus de l'Europe centrale (vers 560-805). Ici, les Abares semblent représenter le camp de la France, contre le camp de la Prusse incarné par les Bulgares.

Le héros réchappe par miracle à ce massacre et **rejoint la Hollande**. Il a de l'espoir : c'est un pays riche et chrétien.

Il tombe alors sur un **homme religieux** vêtu de noir, qui vient de terminer un sermon d'une heure sur la charité. Or, **ce dernier refuse de donner l'aumône** à Candide car le jeune allemand refuse d'attester que le pape est l'Antéchrist.[22] La femme du religieux, entendant cela, balance de sa fenêtre le contenu d'un pot de chambre sur le garçon.

Candide, souillé, est **secouru par Jacques l'anabaptiste** (qui a observé toute la scène).

Il l'invite alors chez lui, le nettoie, le nourrit, lui donne de l'argent et lui propose même du travail. **Candide est très touché par son geste**.

À la fin du chapitre, le jeune homme se promène aperçoit un homme en horrible état : « *couvert de pustules, les yeux morts, le bout du nez rongé, la bouche de travers, les dents noires (…) crachant une dent à chaque effort* »

Chapitre 4ème

« Comment Candide rencontra son ancien maître de philosophie, le docteur Pangloss, et ce qui en advint »

Candide est effrayé par le pauvre homme… en y regardant de plus près, il réalise que le malade est **Pangloss** ! Le jeune homme est alors très triste de voir son maître dans cette détresse.

Candide apprend avec stupeur que le château de Thunder-ten-tronck a été **détruit par les Bulgares**. Ses habitants ont **beaucoup souffert** : Cunégonde a été **violée et éventrée**, monsieur le baron a eu la tête « *cassée* », son épouse a été « *coupée en morceaux* ».

Le jeune homme **s'évanouit**. Il reprend ses esprits et Pangloss lui raconte son histoire : il a attrapé la **vérole**, une **maladie vénérienne**[23], suite à ses relations intimes avec Paquette. Candide veut aider son ami et demande au bon Jacques d'accueillir le pauvre Pangloss. Le philosophe est soigné ; il ne perd qu'un œil et une oreille. Candide, Jacques et Pangloss prennent la route dans un bateau, direction **le Portugal**. Hélas, à l'approche du port de Lisbonne, le ciel s'assombrit : une **tempête éclate**.

---

[22] Dans les religions chrétienne et musulmane, l'Antéchrist est un personnage maléfique, un imposteur se faisant passer pour un prophète, qui éprouvera les hommes et en mènera bon nombre en Enfer.

[23] Une maladie vénérienne est une maladie sexuellement transmissible

Chapitre 5ème

Les hommes sont pris dans une **tempête terrible** avec tout l'équipage. Jacques l'anabaptiste tente de contrôler le bateau mais **un matelot énervé le frappe**. Ce méchant homme tombe du bateau et Jacques l'anabaptiste décide de l'aider : il le sauve, mais c'est alors Jacques qui tombe à l'eau. Le matelot n'est pas reconnaissant et laisse le pauvre Jacques tout seul : **il meurt de noyade** devant les yeux de Candide et Pangloss. D'ailleurs, Pangloss a dissuadé Candide de secourir Jacques, prétendant que c'était la volonté de Dieu qu'il sombre dans l'eau.

Finalement, seuls ces deux hommes ainsi que le matelot sont sauvés et arrivent sur la terre portugaise. Une nouvelle catastrophe a lieu : **un séisme frappe la ville, et une vague s'abat**. 30 000 personnes meurent sous les ruines. Candide croit que la fin du monde est arrivée. Pendant ce temps, le matelot vole de l'argent et paye une femme pour des relations intimes.[24]

Candide est blessé et demande de l'aide, mais Pangloss continue de discutailler et affirme que « *tout est bien* ». Enfin, l'homme se décide à prendre des vivres pour ranimer son jeune disciple.

Alors que les deux hommes philosophent, Pangloss est poliment interpellé par un homme en noir, membre de l'Inquisition, qui l'a entendu ; ce que Pangloss a dit **remet en cause la doctrine du péché originel** : « *Apparemment que monsieur ne croit pas au péché originel* ». Pangloss défend avec élégance ses idées. L'homme en noir fait un signe de la tête à un homme en armes. On devine qu'il n'est pas d'accord avec ce que Pangloss affirme et que la situation va se compliquer…

---

[24] Cet épisode illustre l'injustice perçue de la vie.

Chapitre 6ème

« Comment on fit un bel auto-da-fé pour empêcher les tremblements de terre, et comment Candide fut fessé »

Un autodafé est réalisé pour empêcher un nouveau tremblement de terre : on **brûle trois hommes**, dont deux Portugais ayant arraché le lard d'un poulet (donc soupçonnés de judaïsme).

Candide et Pangloss sont ligotés, Pangloss pour avoir parlé et Candide pour avoir écouté. **Emprisonnés** huit jours, on les habille alors en *san-benito*, l'habit des condamnés pour délit religieux.

Pangloss est **pendu**, Candide reçoit des fessées.

Soudain, **un nouveau tremblement de terre** survient.

Candide est désespéré et s'interroge : pourquoi de telles tragédies se produisent alors que ce monde est censé être *« le meilleur des mondes possibles »* ?

Candide est finalement libéré. Une vieille dame l'aborde et lui dit : *« Mon fils, prenez courage »*. Elle lui demande de la suivre.

Chapitre 7ème

« Comment une vieille prit soin de Candide, et comment il retrouva ce qu'il aimait »

Cette vieille femme s'occupe de Candide : elle le **nourrit** et le **soigne** pendant trois jours, mais garde le silence sur ses intentions. C'est un **contraste** avec les chapitres précédents : le héros peut enfin se reposer.

Après trois jours de repos, la vieille l'emmène dans une **maison isolée** entourée de jardins et canaux. Elle le laisse seul dans un beau salon. Quelques instants après, elle revient avec une femme voilée. La vieille lui demande d'ôter le voile, et là, surprise : **Candide découvre Cunégonde !**

Elle est là, bel et bien vivante ! Candide la **retrouve avec joie**, les deux amoureux sont **émus aux larmes**. Cunégonde est à présent une **femme tremblotante**, soutenue avec peine. Ils se racontent leur histoire. Cunégonde confirme que sa mère, son père et son frère sont **morts**. Candide, sur la demande de Cunégonde, donne des détails sur ce qu'elle a vécu.

<h1 align="center">Chapitre 8ème</h1>

« Histoire de Cunégonde »

Cunégonde **raconte que sa famille a été massacrée**. Elle-même a été blessée puis faite prisonnière par un capitaine bulgare. L'homme l'a alors vendue à un banquier juif nommé don Issachar. Il l'a prise comme esclave sexuelle. L'homme la partage même avec un autre homme : le grand inquisiteur.

Cunégonde résiste depuis six mois. Elle raconte la suite : invitée à l'auto-da-fé, Cunégonde a reconnu Pangloss. Elle a demandé à la servante de don Issachar (la vieille dame) d'aller soigner Candide et de l'amener ici.

Ils dînent ensemble et ont à peine le temps de se poser sur le canapé, que quelqu'un survient : c'est don Issachar qui vient *« jouir de ses droits, et expliquer son tendre amour »*.

<h1 align="center">Chapitre 9ème</h1>

« Ce qu'il advint de Cunégonde, de Candide, du grand inquisiteur et d'un juif »

Horreur ! Don Issachar se fâche et se jette sur Candide, poignard à la main. Mais Candide est plus rapide : il le tue d'un coup d'épée.

Cunégonde s'exclame et demande conseil à la vieille, Candide aimerait que Pangloss soit présent pour le conseiller. C'est alors qu'une autre porte s'ouvre : le **grand inquisiteur arrive** ! Il est 1h du matin et veut profiter de la femme. L'inquisiteur est **effaré** par la scène ; Candide **réfléchit très vite** : s'il n'agit pas, il risque d'être attrapé et puni. Il décide de **tuer le religieux**.

La vieille pense qu'il faut **partir loin**. Tous les trois rassemblent leurs richesses et s'enfuient avec trois chevaux, direction **Cadix** (une ville espagnole).

<h1 align="center">Chapitre 10ème</h1>

« Dans quelle détresse Candide, Cunégonde et la vieille arrivent à Cadix, et de leur embarquement »

Le lendemain, ils découvrent qu'un homme, sans doute un *« révérend père cordelier »* (homme d'église) aperçu plus tôt, a volé l'argent de Cunégonde dans la nuit. Candide est obligé de vendre un cheval avant de continuer sa route.

Tous trois voyagent jusqu'au **port de Cadix** (Espagne).

Ils entendent qu'on rassemble des troubles pour aller combattre **contre les jésuites du Paraguay**. Candide décide de s'engager et, repéré pour son adresse, devient **capitaine**. Il embarque donc, sans argent, pour l'Amérique du Sud avec la vieille et Cunégonde, ainsi que deux valets et deux chevaux.

En route pour l'Amérique, Candide est **plein d'espoir**, contrairement à Cunégonde. Elle se plaint de son sort et de ce qu'elle a vécu. La vieille dame lui **reproche** cela, Cunégonde **s'offusque**. Mais la vieille affirme qu'elle a vécu **pire**. Les deux jeunes gens sont **curieux d'en savoir plus**. Alors la vieille commence à raconter son passé.

Chapitre 11ème

« Histoire de la vieille »

La **vieille raconte son histoire** : c'est la fille du pape Urbain X. C'était une **jeune femme magnifique**. À 15 ans, elle était fiancée à un prince adorable, mais ce dernier est **mort empoisonné**. Avec sa mère, elle a alors embarqué sur un bateau pour se ressourcer dans le sud de l'Italie. En chemin, **des pirates les attaquent** : elles et les occupants du bateau sont **dépouillés**.

La jeune femme et sa mère sont envoyées au Maroc et **violées** sur le chemin.

Une fois arrivée au Maroc, elle a été faite esclave, de même que sa mère. Elle raconte comment les hommes **se battent férocement pour prendre les femmes** ; ces dernières sont victimes collatérales : elles sont blessées voire tuées. Finalement, **tout se termine en bain de sang**, et tous ou presque meurent.

La jeune femme, à bout de forces, s'évanouit. Lorsqu'elle se réveille, elle voit un jeune homme blanc parlant en italien.

Chapitre 12ème

Chapitre 12ᵉᵐᵉ

« Suites des malheurs de la vieille »

La vieille continue son histoire : elle a été sauvée par un eunuque[25] italien (qui semble frustré de ne pas pouvoir abuser d'elle). L'eunuque découvre **avec émotion** que cette femme est la jeune princesse qu'il a élevée étant jeune. Pourtant, il la trahit peu après et la vend au dey d'Alger.

C'est alors que la **peste** éclate dans la ville d'Alger, mais la femme y survit miraculeusement. Elle est alors **revendue** plusieurs fois. Puis, elle arrive à Azof[26]. Les janissaires (soldats de l'empire ottoman) défendent une forteresse, mais les Russes les assiègent. Les Turcs souffrent de famine et commencent à **manger d'autres humains**.

Finalement, un « iman » (imam) conseille aux soldats d'épargner les femmes, en leur coupant seulement une fesse pour la manger. Venant à peine de manger, ces hommes se font **tous tuer** par les adversaires russes, qui viennent d'envahir la forteresse.

La femme se rétablit avec l'aide d'un chirurgien français (qui lui fait ensuite des propositions). Elle est **vendue à un aristocrate** qui la bat et profite d'elle. Un jour, l'homme est jugé et elle en profite pour **s'enfuir à travers la Russie**. Elle devient servante de cabaret et mène une **vie misérable**, mais ne perd pas espoir.

La vieille raconte qu'elle a fini par devenir **servante du juif don Issachar**. Puis elle **s'est liée d'affection avec Cunégonde**.

Chapitre 13ᵉᵐᵉ

« Comment Candide fut obligé de se séparer de la belle Cunégonde et de la vieille »

Les trois compères arrivent enfin à « *Buenos-Ayres* »[27]. Ils rencontrent le gouverneur de la ville, un homme **puissant, orgueilleux et hautain**. Ébloui par la beauté de Cunégonde, il demande à Candide si elle est sa femme. Candide **n'ose pas mentir** et lui dit seulement qu'elle doit lui « *faire l'honneur* » de l'épouser. Le gouverneur sourit jaune et **éloigne** Candide en lui demandant de revoir sa compagnie. Seul avec Cunégonde, le gouverneur lui déclare son amour et la demande en mariage.

---

[25] **Eunuque** : homme castré (pour différentes raisons : garde de lieux fréquentés par des femmes, maintenir une belle voix en empêchant sa mue…)

[26] À l'époque turque, Azov est aujourd'hui une ville russe, à côté de l'Ukraine et au nord de la Turquie.

[27] Aujourd'hui Buenos Aires, la capitale de l'Argentine

La femme ne sait pas quoi faire et va voir la vieille qui lui conseille d'accepter cette demande, car cela pourrait aider Candide à faire fortune.

Hélas, pendant ce temps, un bateau entre dans le port. C'est un navire parti d'Espagne pour **retrouver les meurtriers de l'inquisiteur**. En effet, le voleur du chapitre 10ème a

voulu vendre les bijoux volés mais il a été pendu parce qu'un marchand a compris que les bijoux appartenaient à l'inquisiteur. Il a dénoncé les coupables du meurtre et les autorités les ont poursuivis jusqu'à Buenos-Aires.

La vieille demande alors à Candide de s'enfuir. Il s'en va et laisse Cunégonde derrière lui.

Chapitre 14ème

« Comment Candide et Cacambo furent reçus chez les jésuites du Paraguay »

Candide part à cheval avec son valet nommée **Cacambo**, un homme bon et plein de talents ayant l'expérience de la vie. Cacambo va **encourager** son compagnon : le jeune homme est en effet très triste d'abandonner Cunégonde (« *Candide versa des larmes* »).

Cacambo décide de **passer dans le camp adverse** : ils vont se réfugier chez les jésuites du Paraguay pour combattre de leur côté.

Dans le pays où se trouvent les deux hommes, des jésuites ont installé un **régime autoritaire** et **sans partage**. Cacambo et Candide se font capturer et on les prend pour des Espagnols ; ils n'ont pas le droit de parler sauf avec le commandant, et ne peuvent rester plus de trois heures. Alors, Cacambo dit que Candide n'est pas un Espagnol mais un Allemand. Le sergent transmet l'information au commandant, qui s'avère être allemand lui-aussi ! Il demande à voir le nouveau venu.

Candide est amené auprès du commandant. Ils commencent à discuter et là, surprise : le commandant est le **frère de Cunégonde** !

Les deux hommes se serrent dans les bras. Tous deux sont émus aux larmes. Candide annonce que Cunégonde est vivante. Ils restent longtemps à table pour discuter.

Chapitre 15ème

« Comment Candide tua le frère de sa chère Cunégonde »

Le frère de Cunégonde raconte son **histoire tragique** : il a vu de ses propres yeux le meurtre de ses parents. Pris pour un mort, il a été emmené avec des défunts pour être enterré. Là, un jésuite jeta de l'eau bénite sur les corps et il vit que la paupière du jeune homme s'agitait. Il le secourut alors et lui donna des soins. Trois semaines après, l'homme fut rétabli et entra parmi les **jésuites allemands**. Il fut ensuite **envoyé au Paraguay** pour convertir les habitants au catholicisme.

Les hommes parlent et Candide lui confirme que Cunégonde est à Buenos-Aires. Le commandant veut combattre pour capturer la ville et sauver sa sœur. Candide approuve ce souhait et annonce au commandant qu'il **souhaite épouser sa sœur**

Cunégonde… ce dernier **proteste énergiquement** ! En effet, Candide n'est, selon lui, pas assez noble. Le frère de Cunégonde frappe Candide au visage avec son épée. Candide ne se laisse pas faire et enfonce son épée dans le corps du baron. Ce dernier s'effondre et Candide le croit mort. Il **pleure** suite à son acte.

Candide **pense que c'est la fin** et qu'il ne reste plus qu'à « *mourir les armes à la main* ». Mais Cacambo est **plus malin** : il déshabille le jésuite et donne les habits à Candide, qui se déguise. Ils s'enfuient à cheval, Cacambo criant en espagnol : « *Place, place pour le révérend père colonel !* »

Chapitre 16ème

« Ce qui advint aux deux voyageurs avec deux filles, deux singes, et les sauvages nommés Oreillons »

Les deux hommes s'aventurent dans un **territoire inconnu**. Ils aperçoivent alors deux femmes nues et deux singes qui leur courent après.

Candide croit que les femmes sont en danger : il **prend son fusil, tire et tue les deux animaux.**

Puis les femmes se mettent à pleurer : ils comprennent alors que c'étaient leurs amants.

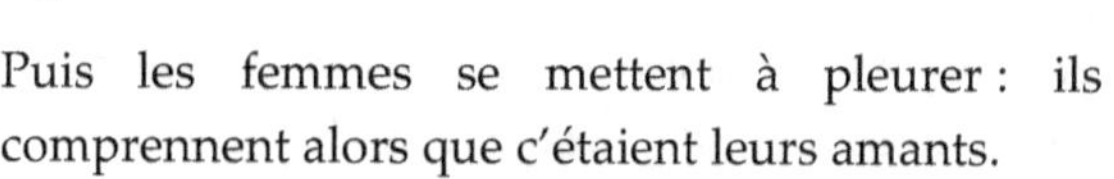

Les Oreillons, habitants de ce pays, les attrapent et les ligotent, en vue de les tuer pour les manger. Cacambo **défend sa cause** et celle de son ami : il leur fait comprendre qu'ils ne sont pas jésuites. En réalité, c'était un **déguisement** : Cacambo et Candide ne sont pas les ennemis des Oreillons mais leurs alliés, puisqu'ils combattent **contre** les jésuites !

Les Oreillons vérifient l'information et laissent la vie sauve aux jeunes gens. Les prisonniers sont libérés.

Chapitre 17ème

« Arrivée de Candide et de son valet au pays d'Eldorado, et ce qu'ils y virent »

Candide s'en va vers « *la Cayenne* » (Guyane française), comme le suggère son valet.

Les deux hommes se perdent et arrivent dans un pays inconnu, au milieu de nulle part. Ils y découvrent un **magnifique pays**, plein de richesses. Ils voient des enfants aller à l'école, avec des habits en or. Des pierres précieuses sont partout au sol.

Les deux hommes pensent qu'il s'agit d'enfants de la famille royale, tellement ces enfants vivent dans le luxe. Mais ce n'est pas le cas. Puis ils arrivent dans un village magnifique. La première maison est aussi belle qu'un palais d'Europe. Ils y entrent car il s'agit d'un **cabaret**.

Candide et Cacambo sont reçus d'une excellente façon par deux garçons et deux filles, qui leur servent des **aliments et des boissons extraordinaires**. Au moment de payer, leurs hôtes sont amusés : c'est le gouvernement qui entretient les hôtelleries pour la « *commodité du commerce* », il n'y a donc rien à dépenser !

Les étrangers sont **agréablement surpris** par un accueil aussi chaleureux, d'autant que les hôtes leur demandent pardon : « *vous avez fait mauvaise chère ici, parce que c'est un pauvre village* ».

Candide et Cacambo **sont éblouis** et n'y croient pas. Candide s'aventure à dire : « *c'est probablement le pays où tout va bien* ».

Chapitre 18ème

« Ce qu'ils virent dans le pays d'Eldorado »

Ce chapitre est assez long. On y suit plusieurs phases :

1) La rencontre du **vieillard**

Un homme du village conduit les deux invités chez un **vieillard très âgé** (172 ans), « *le plus savant homme du royaume, et le plus communicatif* ». Cet homme leur parle de la ville et de son histoire. Ils sont affiliés aux Incas, qui ont eu le malheur de sortir du territoire et ont été persécutés par les Espagnols. Depuis, le peuple du pays d'Eldorado a juré au roi de ne pas sortir du pays, qui est de toute façon très difficile d'accès.

Les habitants de cette contrée sont **bons et honnêtes** ; pas besoin de cour de justice ni de parlement. Il n'existe **pas de prison**. En outre, ils ont tous la même religion, une **croyance simple et juste** : vénération commune d'un Dieu unique, gratitude envers Lui et pas d'ordre religieux particulier.

Le vieillard finit par préparer un carrosse à six moutons pour ses deux hôtes, et leur donne 12 domestiques. Il les invite à **rejoindre le roi**, qui leur fera un plaisir de les inviter.

2) La **cour du roi**

Après un voyage de quatre heures, Candide et Cacambo rencontrent le roi, qui les **accueille de la meilleure des façons**. Le monarque se montre **très agréable** et surtout **humble**. Il n'est pas orgueilleux comme les autres dirigeants.

3) Le **départ**

Le roi offre un **séjour permanent** à Candide et Pangloss, mais Candide souhaite partir. Il voudrait vivre une vie de prince en repartant plein de richesses, et surtout retrouver Cunégonde. Le roi **accepte** à regret de les laisser partir (il n'est pas possible de restreindre la liberté dans ce pays). Il mandate 3000 physiciens pour **fabriquer un moyen de transport** aux deux hommes, afin qu'ils puissent sortir du pays (car il est **dangereux d'en sortir** en raison des montagnes et du relief très accidenté).

Avant de partir, le monarque couvre les deux hommes de cadeaux : **100 moutons** accompagnés d'or et de pierres précieuses, ainsi que **deux moutons rouges** pour servir de monture. Les hommes s'en vont, direction Cayenne.

« Ce qui leur arriva à Surinam, et comment Candide fit connaissance avec Martin »

Note sur le chapitre : ce chapitre ne semblait pas prévu initialement. Mais Voltaire ayant pris conscience des horreurs de l'esclavage, il décida de l'intégrer.

Dès le départ du pays d'Eldorado, les **malheurs reprennent**.

Après *« cent jours de marche »*, il ne reste plus que deux moutons (beaucoup sont tombés, sont morts de faim ou de fatigue, se sont perdus…) Mais Cacambo se veut **rassurant** : ils leur restent des richesses et ils sont presque arrivés au **Surinam** (une colonie hollandaise).

Sur la route, les deux hommes aperçoivent un *« nègre »* (un esclave). Horreur : il lui **manque la jambe gauche et la main droite** ! L'amputé explique qu'il a eu la main coupée parce que son doigt s'est coincé dans une machine, puis on lui a coupé la jambe parce qu'il a tenté de s'enfuir.

Le nègre dit alors cette phrase restée célèbre : *« C'est à ce prix que vous mangez du sucre en Europe »*. Candide est bouleversé par cette histoire et se met à pleurer, avant d'entrer dans Surinam.

Puis, Candide trouve un patron espagnol et lui expose son plan de libérer Cunégonde. L'Espagnol l'en décourage : il risque d'être pendu, car Cunégonde est devenue la **maîtresse favorite** du gouverneur de Buenos-Aires… ! Candide est **effondré** d'apprendre cela.

Il missionne toutefois Cacambo pour aller libérer Cunégonde, en offrant de l'argent au gouverneur. **Cacambo accepte de partir** pour remplir cette mission, car il veut aider son maître. Les deux hommes se séparent avec **grande tristesse**. Candide, lui, veut repartir en Europe, à Venise plus précisément : c'est un *« pays libre où l'on n'a rien à craindre »*.

Candide cherche un autre patron qui puisse l'emmener en Europe avec ses deux moutons. Un homme vient à sa rencontre… c'est le cruel **M. Vanderdendur** qui se présente ! Il accepte de le conduire à Venise sur son grand bateau. M. Vanderdendur se fait payer en avance (en arnaquant Candide) et embarque les moutons. Plus tard, au moment de partir, Candide essaye de rejoindre le navire de M. Vanderdendur, mais ce dernier met les voiles et **part sans lui** !

Candide est **abattu** et **démoralisé**. Il va voir un juge, mais doit payer 10 000 piastres pour avoir parlé trop fort, puis 10 000 autres piastres pour payer les frais de justice. Candide est **désespéré**…

Candide souhaite trouver un compagnon de route. Il passe donc une annonce pour trouver un **homme honnête** qui soit **le plus malheureux de la province**, en échange d'argent. Beaucoup d'hommes se proposent. Finalement, Candide choisit Martin, un pauvre savant persécuté ayant vécu des problèmes familiaux.

Chapitre 20ème

« Ce qui arriva sur mer à Candide et à Martin »

Ils embarquent pour Bordeaux. Martin partage sa **philosophie pessimiste** (contraire à celle de Pangloss). C'est alors qu'un **combat naval** éclate : l'un des navires est coulé et des centaines d'hommes **meurent noyés**.

Parmi eux se trouve M. Vanderdendur, ce qui réjouit Candide : enfin, le **malhonnête s'est fait punir par Dieu !** Cependant, Martin pense aux autres hommes qui sont morts : pourquoi un coupable meurt et 99 autres « innocents » doivent mourir avec lui ?

Candide retrouve au milieu des eaux un de ses **moutons rouges**. Il en éprouve **énormément de joie**.

Chapitre 21ème

« Candide et Martin approchent des côtes de France, et raisonnent »

Martin et Candide approchent des côtes françaises et **continuent à discuter**. Martin lui partage sa **vision négative de la France**, et en particulier de **Paris**, qui regorge de gens hypocrites et malsains. Il dit aussi qu'il **n'a plus d'espoir** en l'être humain. Candide a du mal à accepter ce discours négatif.

Martin persiste pourtant et prend la métaphore de l'épervier : cet oiseau a toujours mangé des pigeons, pourquoi est-ce que cela changerait ? L'homme, lui, commet beaucoup de méchancetés, et pour Martin **cela fait partie de sa nature**. Il faut se rendre à l'évidence et accepter que l'homme a une nature plutôt mauvaise.

Chapitre 22ème

« Ce qui arriva en France à Candide et à Martin »

Candide **arrive à Bordeaux** et est victime d'une **première déconvenue** : il doit laisser son mouton rouge à l'académie des sciences de la ville, laquelle **propose un prix** pour celui qui trouve pourquoi la laine du mouton est rouge. Un savant du Nord apporte une démonstration stérile et est récompensé.

Remis sur pied, **Candide repart vite sur Paris**, tenté par la frénésie autour de cette ville. À peine arrivé dans une auberge parisienne, il **tombe malade** et se retrouve vite **entouré de plusieurs** *« amis intimes »*, **de deux médecins et deux dévotes**. Tous sont visiblement **intéressés par son argent**. Candide finit par guérir.

Le jeune homme rencontre un abbé périgourdin qui mène une mauvaise vie. Il lui présente la « marquise de Parolignac », une **femme dévergondée**. Le jeune homme profite de la vie mondaine. Il perd de l'argent au jeu car la marquise triche, puis cette femme l'emmène dans sa chambre et le pousse à être infidèle. Elle parvient à ses fins, et prend deux bagues précieuses des mains de Candide.

Candide se sent coupable de son acte. Hélas, il est un peu **trop bavard** et raconte ses aventures. Il parle de son amour envers Cunégonde. Alors, il est victime d'un stratagème : on lui fait croire au travers d'une **lettre**, que Cunégonde est en ville, alitée et malade. Bouleversé, Candide rassemble ses richesses pour les donner à cette pauvre femme. Candide rejoint la « malade » dans une chambre, mais il n'y a aucune lumière. Il ne peut que toucher la femme, mais ne l'entend pas (elle ne peut soi-disant pas parler). Pourtant, il donne les richesses qu'il a emmenées avec lui.

À peine sortis, Martin et Candide, décrits comme *« deux étrangers suspects »*, sont arrêtés. Martin comprend immédiatement que cette femme n'était pas vraiment Cunégonde : il s'agissait d'une complice.

Dépités, les hommes s'en vont et rejoignent **Dieppe** puis s'approchent de la ville anglaise de **Portsmouth**.

Chapitre 23ème

« *Candide et Martin vont sur les côtes d'Angleterre ; ce qu'ils y voient* »

Sur le bateau, Candide converse avec Martin. Candide espère découvrir des hommes meilleurs en Angleterre, mais son ami donne un **portrait inquiétant** de ce pays (« *c'est une autre espèce de folie* »).

Ils aperçoivent alors un bateau, et sur ce navire, un gros homme se fait **fusiller** par quatre hommes, très calmes et satisfaits.

Candide est **horrifié** : qu'est-ce que cet **acte barbare** ? Martin lui explique que l'homme est un **amiral anglais fusillé par les Anglais** eux-mêmes ! En effet, il n'a « *pas fait tuer assez de monde* » et a perdu une bataille contre les Français.

Cette exécution paraît **injuste** à Candide : l'amiral n'a rien fait, si ce n'est perdre une bataille. Cela méritait-il la mort ? L'explication de Martin est déconcertante : « *il est bon de tuer de temps en temps un amiral pour encourager les autres* ».

Dégoûté, il ne souhaite pas débarquer en Angleterre et négocie avec le patron hollandais pour partir à Venise. Après un long voyage, passant près de Lisbonne, ils arrivent à Venise.

Chapitre 24ème

« *De Paquette, et de frère Giroflée* »

Candide et son compère Martin arrivent à Venise. Hélas, ils ne trouvent pas Cunégonde mais tombent sur Paquette, la servante. Candide ne la reconnaît pas, mais Paquette se manifeste à lui.

On apprend qu'elle est devenue **prostituée** et fréquente un moine appelé Frère Giroflée.

Finalement, on organise un repas avec Paquette et le moine. On apprend que frère Giroflée est un homme en bonne santé et comblé, mais **son lieu de vie l'accable** : en effet, le couvent où il habite est un **lieu malsain**, plein de maux. Ses frères en religion sont désagréables et hypocrites.

Mais enfin, se demande Candide, existe-t-il un homme qui soit heureux ? Justement, il entend parler d'un **riche notable nommé Pococurante**, dont on dit qu'il « *n'a jamais eu de chagrin* ». Curieux, l'aventurier part à la recherche de ce Pococurante.

Chapitre 25ème

« Visite chez le seigneur Pococurante, noble vénitien »

Candide arrive dans un superbe palais : le palais du sénateur Pococurante.

Le jeune homme s'y plaît : il y a de la belle musique, de beaux tableaux, une superbe bibliothèque, beaucoup de richesses, des amantes… mais Pococurante semble **s'ennuyer profondément**. En effet, il a tous les plaisirs possibles à disposition, mais n'éprouve **aucune joie** : il n'est pas heureux. L'**argent**, le **luxe** et les **loisirs** ne font donc pas le bonheur !

Chapitre 26ème

« D'un souper que Candide et Martin firent avec six étrangers, et qui ils étaient »

Candide et Martin dînent avec six rois qui ont **été détrônés et ont perdu leur pouvoir**. Ils comprennent que même les puissants rois ne contrôlent pas grand-chose : **ils subissent le destin**. D'autant plus que Candide est **le plus riche homme** de tous ceux autour de la table.

Candide décide de **partir de Venise** : il s'en va vers Constantinople[28], dans le but de retrouver sa chère Cunégonde.

Chapitre 27ème

« Voyage de Candide à Constantinople »

Sur le bateau qui l'emmène à Constantinople, Candide rencontre un dignitaire de Turquie.

Il observe des esclaves en train de ramer, et croit apercevoir Pangloss et le frère de Cunégonde… et il s'agit bien d'eux ! Candide apprend que Cunégonde est devenue esclave d'un souverain nommé Ragotski et qu'elle s'est enlaidie.

Candide veut tout de même la libérer pour respecter son engagement. Il **vend des diamants** à des juifs pour libérer ses amis et donne aussi de l'argent au maître du bateau, pour changer de cap et prendre la route de Constantinople.

---

[28] De nos jours, Constantinople correspond à la ville d'Istanbul (Turquie).

Chapitre 28ème

« Ce qui arriva à Candide, à Cunégonde, à Pangloss, à Martin, etc. »

Les deux hommes, Pangloss et le frère de Cunégonde, racontent leur histoire : ayant échappé à la mort, ils ont été condamnés à ramer dans une galère, à cause de leur comportement jugé indécent.

D'abord, le baron raconte son histoire : grièvement blessé par Candide (chapitre 15ème), il est finalement guéri par un frère apothicaire, puis une patrouille espagnole l'arrête. On le met en prison. Puis, il apprend que sa sœur a quitté la région et demande alors à repartir pour Rome, ce qui est accepté : on le nomme **aumônier à Constantinople** auprès de l'ambassadeur de France. Un jour qu'il fait chaud, il se baigne en même temps qu'un jeune homme turc tout nu. Le frère de Cunégonde est attrapé et condamné à 100 coups de bâton sous les pieds, puis condamné à ramer sur une galère.

Pangloss, lui, a réchappé à la mort car il pleuvait beaucoup le jour de l'autodafé : la corde, trop mouillée, ne l'a pas étranglé. Plus tard, un chirurgien achète son corps et se met à le disséquer : Pangloss se réveille à cause de la douleur. Puis, le médecin et sa

femme ont pitié de lui et le soignent. Le philosophe s'en va alors à Constantinople et entre dans une mosquée. Il y trouve une femme à moitié nue qui laisse tomber un bouquet de fleurs. Pangloss les ramasse alors et les met lentement dans le buste de cette fille. Repéré par un imam, il est arrêté sur le champ, tapé aux pieds puis envoyé aux galères.

Chapitre 29ème

Candide, Pangloss, Martin, Cacambo et le frère de Cunégonde débattent. Ils arrivent finalement sur les rives de la Propontide[29].

Là, ils débarquent et trouvent **deux femmes qui tendent le linge** : il s'agit de Cunégonde et de la vieille. Candide est **horrifié** en voyant Cunégonde, qui est devenue **laide** (mais elle ne le sait pas). Il essaye de cacher son dégoût et sa déception.

Candide **rachète** alors les deux femmes pour les libérer de l'esclavage. Cunégonde rappelle à Candide la promesse qu'il a faite (l'épouser) ; il **n'ose pas refuser**.

Il va donc parler au frère de Cunégonde (encore une fois) de son projet de mariage, et à nouveau **le baron refuse**. Candide est **fou de rage** : il a tant sacrifié pour Cunégonde, et il accepte en plus de l'épouser alors qu'elle est laide ! Candide **se retient de le tuer** et il le lui dit. Mais le frère reste ferme : « *tu peux me tuer encore (…) mais tu n'épouseras pas ma sœur de mon vivant* ». Les pleurs de Cunégonde aux pieds de son frère n'y changent rien.

Chapitre 30ème

Candide complote avec ses amis et trouve un moyen de **se débarrasser du frère de Cunégonde**, qui est déposé aux autorités turques pour être envoyé à Rome.

Candide et son clan n'ont plus beaucoup d'argent, s'étant fait voler par « *les juifs* ». Il ne leur reste plus qu'une métairie [30] près de Constantinople. Ils s'y installent mais **tous commencent à s'ennuyer** et les **problèmes s'accumulent** :

- Cunégonde devient **désagréable**,
- La vieille est encore plus **difficile à vivre**,
- Cacambo **travaille beaucoup** dans le jardin et est épuisé,
- Martin reste sombre : « *on est également mal partout* »,
- Pangloss est **triste** car il n'est pas reconnu comme un grand philosophe.

---

[29] Appelée la **mer de Marmara** aujourd'hui, elle se situe aux abords de la Turquie.

[30] Il s'agit d'un domaine agricole

Un jour, le clan **rencontre Paquette et frère Giroflée**. Ils ont dépensé tout leur argent et sont pauvres, tandis Paquette continue son triste métier mais n'y gagne plus rien. Le clan est surpris par ce triste destin.

Les habitants décident de consulter un **derviche**[31], afin de comprendre pourquoi l'homme a été créé et pourquoi il existe tant de mal sur terre. L'homme leur **répond fermement** : « *Qu'importe* »[32]. Pangloss veut débattre mais le derviche lui claque la porte au nez.

Un autre jour, ils rencontrent un « *bon vieillard* », « *bon musulman* », qui vit de la culture de ses terres. Ce dernier vit assez **isolé des autres** (en autarcie), éloigné de la politique, mais il est **heureux** et sa famille aussi. Il ne s'occupe pas des problèmes du monde ; il reste **concentré sur son travail**. Le vieillard et sa famille accueillent les visiteurs avec une **grande générosité**.

Il invite enfin la communauté de Candide à **se mettre au travail**. Ce conseil porte ses fruits : **tout le monde s'active, le mal-être s'éloigne** tandis que **la ferme s'enrichit**. Cunégonde devient une excellente pâtissière, la vieille s'occupe du linge, Paquette brode, les hommes jardinent et commercent…

Au bout du compte, Pangloss prend la parole et tente encore de **défendre l'optimisme** : tous les malheurs qui sont arrivés ont eu un **résultat final positif** !

Mais Candide est **réaliste** et répond :

« *Cela est bien dit, répondit Candide, mais il faut cultiver notre jardin.* »

C'est une manière de dire : **rien ne sert de bavarder, l'important est de travailler et de s'occuper de ses proches**.

Cette dernière phrase termine le conte.

---

[31] Un religieux musulman

[32] Voir le détail de l'argumentation plus bas, dans la partie « *Dieu et la Providence* »

Aspects littéraires

Le choix du conte

Vers la seconde moitié de sa vie, Voltaire écrit davantage de contes. C'est un **choix intéressant** pour plusieurs raisons :

- **Plus accessible et amusant** : par son ton léger, le conte est accessible à tous. L'humour des contes plaît généralement : l'auteur peut donc toucher un public plus large.
- **Moins de risques** : on peut faire passer des critiques au travers de personnages, et chacun peut interpréter les attaques. Ainsi, Voltaire ne mentionne pas explicitement Leibniz : Pangloss prend sa place.
- **Mise à l'épreuve des idées par la pratique** : les péripéties de l'histoire sont des moyens pour tester la justesse d'une idée. Dans *Candide*, les drames subis par les personnages permettent de rabaisser la philosophie de l'optimisme.

Un conte philosophique « réaliste » pour véhiculer un message

Au travers de *Candide*, Voltaire souhaite faire **passer ses idées**.

Pour ce faire, il ne s'éloigne donc pas tout à fait de la réalité : contrairement à Rabelais (« *Le Quart Livre* »), Voltaire s'ancre dans des **aspects réalistes en mentionnant des lieux réels** : Westphalie, Surinam, Paraguay…. Ceci permet au lecteur de ne **pas avoir trop de distance** par rapport au récit.

De plus, l'auteur nous pousse à **tout questionner**. Le narrateur lui-même paraît peu sûr de lui, parfois : « *Je crois pour cette raison qu'on le nommait Candide* » (chapitre 1er).

Un conte satirique

Dans *Candide*, Voltaire a également fait une **satire**, une **critique moqueuse**, de beaucoup de personnes et d'institutions. De fait, sont attaqués pêle-mêle : la philosophie optimiste, les « religieux » qui ont un comportement déviant, les colons et esclavagistes, les nobles qui abusent de leur statut, le système politique…

En cela, *Candide* peut être qualifié de **conte satirique**.

Un apologue

L'**apologue** est un récit **imaginaire** ou parfois réel, duquel on tire une **morale et des enseignements**. De plus, un apologue est généralement **court et plaisant**, ce qui le rend plus efficace (il s'agit de « *plaire et instruire* » le lecteur, selon la maxime latine « *placere et docere* »).

Candide est un **écrit divertissant**, avec une **histoire fictive et des événements extraordinaires** (voire surréalistes) dont on **tire beaucoup de leçons**. C'est donc un apologue.

Un conte proche du roman d'apprentissage

Candide est un **conte philosophique** qui recourt à des procédés du roman d'apprentissage[33]. En effet, le personnage principal est sans préjugés, simple et naïf. Il ne connaît pas la réalité de la vie : ayant toujours connu son petit paradis au château, il se voit soudain **expulsé** après un geste malheureux. Cela marque la fin de sa vie confortable.

Très vite plongé dans le feu de l'action, il va **connaître des difficultés, des joies et des peines**, qui vont le faire **mûrir**.

Au départ innocent et « candide »[34], Candide deviendra peu à peu **lucide** et **raisonnable**. Il comprendra qu'il faut commencer par le **changement de soi**, et **travailler avec conscience** : c'est le sens de « *cultiver son jardin* ».

Une écriture sobre et limpide

Candide se caractérise par un style d'écriture **assez simple et très lisible**, caractéristique du conte. Voltaire, fort d'une grande expérience littéraire, a choisi d'écrire un **texte agréable et léger**.

Un style d'écriture imagé et exotique

Ce conte est paradoxal : d'un côté, il décrit des scènes horribles et des situations catastrophiques, mais de l'autre, **le vocabulaire utilisé est très fleuri**, varié et exotique.

On découvre par moments un **monde très beau, merveilleux parfois** : on observe dans le pays d'Eldorado des « *marchés ornés de mille colonnes* », « *fontaines d'eau rose* », places « *pavées de pierreries* »...

Certains épisodes renvoient aussi à la **culture orientale** (comme les derniers chapitres en Turquie). **Voltaire suit ici une certaine mode :** cela fait déjà de nombreuses années que le public français est attiré par le monde oriental (on peut penser aux « **turqueries** » qui rencontraient un certain succès aux XVIème, XVIIème et XVIIIème siècles, avec des œuvres comme *Le Bourgeois Gentilhomme* de Molière). Voltaire lui-même avait écrit, quelques années plus tôt, *Zadig ou la destinée* (1747), une histoire d'amour se déroulant dans une Arabie fantastique et fantasmée.

Ces variations peuvent servir à montrer que **le monde, malgré ses difficultés et atrocités, reste beau et sait offrir des moments agréables**. Cela ressemble à la morale de *Candide*.

---

[33] D'origine allemande, aussi appelé « roman de formation », ou « roman d'éducation », le « **roman d'apprentissage** » est un roman dans lequel le personnage évolue et mûrit, au travers d'expériences et d'épreuves.

[34] L'adjectif « *candide* » qualifie une personne qui a de la **candeur**, c'est-à-dire qui possède la qualité d'une **âme pure et innocente**.

Une parodie des romans sentimentaux

Dans *Candide*, Voltaire s'amuse et se moque gentiment des romans mettant en scène des histoires sentimentales. Il faut savoir qu'à son époque, ce type d'œuvres rencontraient un certain succès (*Manon Lescaut* de l'Abbé Prévost, par exemple).

Des rebondissements nombreux et invraisemblables

Les rebondissements dans *Candide* sont innombrables : cela contribue à animer l'intrigue et à passionner le lecteur. Le rythme est haletant et **les coïncidences sont nombreuses** :

- Cunégonde retrouve Candide et Pangloss au Portugal, lors de l'autodafé (chapitre 6ème)
- La jeune femme rencontre au Maroc le jeune eunuque qui l'a élevée (chapitre 12ème)

D'autres **rebondissements paraissent même invraisemblables, surréalistes** :

- On croit que le frère de Cunégonde est mort dans le pillage du château, finalement **Candide le retrouve vivant** à l'autre bout du monde (au Paraguay), puis croit le tuer en le poignardant, mais finalement il n'est pas mort ! Ils se retrouvent au chapitre 27ème...

Une aventure grotesque[35], humoristique et licencieuse[36]

Même si *Candide* garde un fond très sérieux, on sent que Voltaire s'est beaucoup amusé dans l'écriture de ce livre.

D'autres détails font rire ou sourire, comme quand la vieille parle de sa « *fesse* » manquante. Ces aventures provoquent un **effet comique** sur le lecteur, et **rendent le récit vivant**. Ceci a contribué au succès de l'œuvre

Cet aspect comique est lié à un **côté assez vulgaire, licencieux, à connotation sexuelle** : dans le chapitre 11ème, la vieille parle d'un souvenir. Elle et les occupants d'un bateau se font **déshabiller** par des pirates, qui palpent leur derrière. Lorsque la jeune fille est secourue par un eunuque[37], ce dernier est triste car il ne peut pas abuser d'elle (voir la fin du chapitre 11ème).

---

[35] *Grotesque* : désigne quelque chose de ridicule, bizarre, extravagant, effrayant et/ou absurde.

[36] *Licencieux* : qui manque de pudeur, de décence, de moralité.

[37] *Eunuque* : homme castré, qui ne peut donc pas se reproduire.

Aspects philosophiques : *Candide* ou le combat de Voltaire contre l'optimisme de Leibniz

La notion d'**optimisme** est au cœur du conte, puisqu'elle figure dans le titre : « *Candide ou l'Optimisme* ». La présence du mot « **optimisme** » dans le titre indique qu'il s'agira d'une **présentation de l'optimisme** de même qu'une **critique**.

Il faut bien retenir ceci : il n'est pas question de l'optimisme au sens commun.[38] Au contraire, Voltaire discute sur la **doctrine optimiste** conceptualisée par le philosophe allemand **Wilhelm Gottfried Leibniz** (1646-1716), et préfigurée par le philosophe **Baruch Spinoza** (1632-1677) dans son *Éthique* (1677). Cette philosophie sera également étayée par le **philosophe Christian Wolff** (1679-1754) et par le poète anglais **Alexander Pope** (1688-1744)[39] qui influença le jeune Voltaire. Leibniz était un philosophe **très réputé** à l'époque de Voltaire, et on discutait beaucoup de ses théories dans le beau monde. Comment définir l'optimisme leibnizien ?

L'« optimisme » de Leibniz : explications

Le *précis de la monadologie* de Leibniz vise notamment à expliquer l'existence du mal sur terre.[40] Pour ce faire, il postule trois principes :

1)   Dieu est **parfait**, toute bonté et toute sagesse

2)   Dieu a créé le monde

3)   Or un être parfait (Dieu) crée forcément un **monde parfait**… donc le monde des hommes est parfait dans ses caractéristiques ! C'est le « *meilleur des mondes possibles* » parmi l'infinité de mondes pouvant exister.

Le « *meilleur des mondes <u>possibles</u>* » ne veut pas dire que notre monde est parfait ! Pour Leibniz, le mal est l'ombre du bien. Ce sont les **difficultés** qui poussent l'homme à poursuivre le bonheur ; la douleur et l'inquiétude sont des **conditions du plaisir**. De plus, **Dieu est parfait tandis que l'homme est imparfait**, et c'est ce dernier qui fait le mal ou le bien. **L'homme est libre**, et peut mal agir. Cela explique pourquoi le mal est autant présent sur terre. Si on se concentre seulement sur le mal présent sur terre, on ne verra pas la beauté de toute la création.

---

[38] L'optimisme désigne chez l'être humain un état d'esprit, durable ou passager, caractérisé par une **perception positive du monde et de l'univers**.

[39] Pope est l'auteur de la célèbre phrase « *Whatever is, is right* » (« *Ce qui est, est juste* »), une phrase emblématique de l'optimisme : **tout ce qui nous arrive est juste car conforme au plan parfait de Dieu**.

[40] Note : le terme « optimisme » n'était pas utilisé par Leibniz, qui parlait de **monadologie**. C'est 20 ans après la mort de Leibniz qu'on lui a attaché ce mot. Voltaire contribuera à la popularisation de ce mot nouveau, adopté par l'Académie française en 1762.

De plus, la création divine étant **parfaite**, le mal qu'on peut voir et ressentir **contribue à une harmonie voulue par Dieu**. D'où l'expression : « *un mal pour un bien* ». **Les maux perçus peuvent cacher des bienfaits** : la blessure d'un cheval peut éviter au fils d'aller à la guerre, le bateau abîmé ne sera pas confisqué par le roi, l'homme cloué au lit par une grippe évitera un accident dehors, etc.

Cet agencement divin n'est cependant pas compréhensible par l'homme. Dès lors, Leibniz conclut ceci : **si le monde n'est pas parfait, c'est le « *meilleur des mondes possibles* », dont seul Dieu est le connaisseur et le maître.**

⇨ **En résumé** : Dieu est parfait, Dieu a un plan et c'est le meilleur plan possible, mais nous ne pouvons pas bien le comprendre.

Cette vision des choses a **rencontré du succès** : à l'époque de Voltaire, certains restaient **très (trop ?) optimistes malgré les horreurs de la vie**. Ainsi, la duchesse Louise Dorothée de Saxe-Gotha (amie de Voltaire) ayant perdu son fils à la guerre, restait **résignée et endurante face aux épreuves**, en bonne croyante.[41] Ceci semble avoir **agacé** le philosophe.

La révolte de Voltaire contre l'optimisme leibnizien

Voltaire jeune semblait apprécier l'idée d'optimisme. On peut ainsi citer son poème « *Le Mondain* » (1736), un vrai éloge aux plaisirs de la vie. Voltaire y était plein de confiance sur son siècle ; avide de plaisir terrestre, il paraît sans souci.

Mais **les drames de son siècle** lui montrent l'horreur : le séisme de Lisbonne (1755) et la guerre de Sept Ans (1756-1763) sont deux épisodes affreux qui **le bouleversent**.

Voltaire **s'attaque aux philosophes de l'optimisme** dans un poème de 1756, intitulé « *Poème sur le désastre de Lisbonne* » : « *Philosophes trompés qui criez : "Tout est bien"* ; *Accourez, contemplez ces ruines affreuses* ».

Le philosophe Rousseau **reproche l'attitude de Voltaire**, lui accusant de penser que « *tout était mal* ». Il lui écrit alors une lettre : « *Lettre sur la Providence* » (18 août 1756) : Rousseau défend l'idée d'une « *Providence bienfaisante* », d'un **Dieu bon et aimant**.

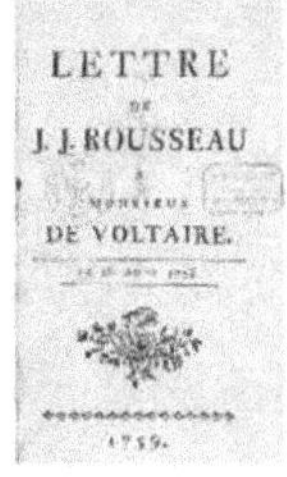

Voltaire est **en désaccord avec ce point de vue**. On pense que *Candide* est une réponse indirecte aux propos de Rousseau.

---

[41] Elle écrira à Voltaire : « *Je hais la guerre un peu plus encore que de coutume et n'admire pas moins les décrets divins de cette sage et bonne Providence* » (D 7449).

Candide : une réponse franche de Voltaire contre l'optimisme

Ainsi, on voit que le héros Candide s'interroge très tôt sur **l'optimisme** : « *Ah ! meilleur des mondes, où êtes-vous ?* » (chapitre 4ème) ; « *Si c'est ici le meilleur des mondes possibles, que sont donc les autres ?* » (chapitre 6ème). Candide est **négatif**, et pour cause : à l'issue du chapitre 6ème, Candide souffre coup sur coup. D'abord, son sauveur Jacques se **noie**, puis son cher Pangloss **se fait pendre**, et enfin il apprend que sa bien-aimée Cunégonde a été **éventrée (il la croit même morte)**.

Finalement, à la deuxième moitié du conte, **Candide rejette les idées** de son ancien maître Pangloss :

> « – *Ô Pangloss !* s'écria Candide, *tu n'avais pas deviné cette abomination ; c'en est fait, il faudra qu'à la fin je renonce à ton optimisme.*
> – *Qu'est-ce qu'optimisme ?* disait Cacambo.
> – *Hélas !* dit Candide, *c'est la rage de soutenir que tout est bien quand on est mal.* » (chapitre 19ème)

Cela est bien dit, mais il faut cultiver notre jardin. (Page 62.)

À la fin du conte, Pangloss tente encore une fois de persuader son ancien disciple : « *Tous les événements sont enchaînés dans le meilleur des mondes possibles* ». La réponse de Candide se veut **nette et ferme** : « *Cela est bien dit, mais il faut cultiver notre jardin* ».

En conclusion : **il ne faut pas se perdre dans la réflexion stérile, mais se libérer de sa condition** par le **travail** et le **sens pratique**. Par la bouche de Candide, Voltaire marque son **détachement de la thèse optimiste**.

⇨ Pour résumer, le conte donne une **image maussade** de la réalité, qui rejette franchement l'optimisme de Leibniz. **Les espoirs de Candide ont été déçus.**

Cet itinéraire retrace le cheminement de Voltaire : jeune, le philosophe était d'accord avec les philosophes optimistes. Les douleurs de la vie l'ont ensuite éloigné de ces théories. Il **s'est éloigné de l'idée de Providence** (voir le chapitre consacré plus tard).

Candide symbolise, en quelque sorte, Voltaire lui-même.

Autres thèmes abordés dans l'œuvre

Les idées

La noirceur de l'être humain

Tout au long de *Candide*, Voltaire expose le **côté sombre de l'être humain**. L'homme tue, trahit, vole, trompe, et cela sans arrêt. Les exemples sont **innombrables dans cette œuvre**. En voici quelques-uns :

- Les inquisiteurs sont impitoyables et tuent sur de simples soupçons (chapitre 6ème) ;
- L'eunuque qui a élevé une jeune femme, la trahit plus tard en la livrant pour être esclave sexuelle (chapitre 12ème) ;
- Les hommes sont exploités par les colonisateurs (chapitre 19ème).

Religion et fanatisme

La **religion** est souvent critiquée par Voltaire, dans son **sens étroit** : le philosophe ne critique pas la croyance en Dieu en tant que telle, mais les **dogmes et règles** qui y sont associés, ainsi que la **méchanceté des hommes**.

Chez Voltaire la critique est multiple :

- **Critique des systèmes religieux** : Voltaire dénonce les formes religieuses qu'il juge **fanatiques**, prétendument **excessives**. Sont ainsi visés le **catholicisme** et l'antipapisme[42], mais aussi l'**islam** et le **judaïsme**.

- **Critique des groupes liés à la religion** : ces sociétés se montrent **oppressives et violentes**, encourageant la guerre au nom de la religion. Elles ont encore d'autres défauts.

  - **Violence générale** : Voltaire critique la **violence** qui est sans cesse commise **au nom de la religion**. Ainsi, les prières accompagnent les massacres dans le chapitre 3ème (le *Te Deum*) ou encore dans le chapitre 11ème (les hommes se massacrent entre eux mais ne manquent pas les cinq prières quotidiennes).

  - **Absurdité et superstition** : pour éviter qu'un nouveau séisme ne se produise, les autorités brûlent des livres ainsi que plusieurs personnes, notamment deux Portugais soupçonnés de judaïsme après avoir « *arraché le lard* » d'un poulet (chapitre 6ème).

  - **Lâcheté et dureté** : les **jésuites** sont critiqués dans le chapitre 14ème. Ils **ne partagent rien** avec les peuples locaux et sont **lâches** envers le pouvoir : doux devant eux, et durs derrière leur dos. Pourtant, ce sont des religieux : ils sont censés montrer l'exemple.

---

[42] Courant chrétien qui ne reconnaît pas l'autorité du pape.

- o **Hypocrisie et instrumentalisation de la religion** :

  - ▪ Dans le chapitre 12ème, on lit qu'**une puissance chrétienne s'est alliée au roi du Maroc**, pour « *exterminer le commerce des autres chrétiens* ». Voltaire expose cette pratique hypocrite.
  - ▪ Les **Hollandais chrétiens** disent aux esclaves du Surinam : « *nous sommes tous enfants d'Adam* » (chapitre 19ème) mais ils **maltraitent** ces « *nègres* » ! Ceci montre leur **hypocrisie** et leur **instrumentalisation de la religion**[43].
- o **Avidité** : l'amour de l'argent touche également ces institutions religieuses. Au chapitre 24ème, Voltaire dénonce la pratique des indulgences[44] : « *Un habitué du quartier vint avec douceur lui demander un **billet payable au porteur** pour l'autre monde : Candide n'en voulut rien faire ; les dévotes l'assurèrent que c'était une nouvelle mode* ».

- **Critique des hommes d'apparence religieuse** : l'auteur ridiculise les hommes qui se prétendent pleins de foi, et qui sont au contraire **plein de vices** :
  - o Des hommes soi-disant religieux (moines, abbés) fréquentent des femmes, voire des prostituées (le **pape** a eu une fille – chapitre 11ème ; le **frère Giroflée** couche avec Paquette - chapitre 24ème). Or cela est strictement chez les catholiques (la fornication est un péché capital, et il est d'autant plus grave pour les religieux ayant fait vœu de chasteté).
  - o Des hommes d'Église volent, comme le « *révérend père cordelier* » du chapitre 10ème.
  - o Les **lieux** où se retrouvent les religieux sont en réalité des **endroits détestables** (chapitre 24ème : « *La jalousie, la discorde, la rage, habitent dans le couvent* »)

Par opposition à ce modèle jugé **décadent et arriéré**, Voltaire met en avant le **modèle de l'Eldorado** (chapitre 17ème) : le peuple de l'Eldorado suit une **religion naturelle** sans rites ni interdits particuliers, dans une société relativement pacifique. Même si le pays d'Eldorado est imaginaire et son idéal inatteignable, son **modèle religieux peut inspirer** les hommes, selon. Au travers de cet exemple, Voltaire défend sa croyance : le **déisme**.[45]

---

[43] Ils utilisent donc la religion pour servir leurs objectifs et leurs intérêts, au détriment des autres.

[44] L'**indulgence** consiste en une rémission totale ou partielle des peines infligées par Dieu en raison des péchés. Le **commerce des indulgences** s'est installé à partir du XVème siècle et a généré des abus : certains hommes appartenant à l'Église catholique **demandaient de l'argent** en échange d'un soi-disant pardon des péchés. Cela a généré **beaucoup d'excès**, et un moyen d'enrichissement pour certains « religieux » peu-scrupuleux. Voltaire dénonce encore cette pratique dans l'article « *Expiation* » des *Questions sur l'Encyclopédie* (1770-1772).

[45] Voltaire était « **déiste** » : il **croyait en l'existence d'un être suprême (Dieu)**, sans pour autant se rattacher à un modèle de croyance particulier (catholicisme, protestantisme, judaïsme, islam…)

Dieu et la Providence : l'homme doit-il espérer en Dieu ?

La présence de Dieu et la Providence[46] sont des thèmes présents dans l'œuvre de Voltaire.

En lisant *Candide*, on comprend le point de vue de Voltaire : pour lui, il serait **faux** de croire que Dieu veille sur les hommes et les protège. Penser cela ne peut que provoquer **déception** et **frustration**.

Pourquoi aboutit-on à cette conclusion ?

Divers épisodes nous suggèrent cette idée :

- **Première déception** : Dans le chapitre 5ème, on vit le **tremblement de terre de Lisbonne** : 30 000 personnes meurent. Cela fait référence au séisme du 1er novembre 1755 à Lisbonne, le jour de la Toussaint (50 000 à 75 000 victimes). La ville a été **quasiment détruite** (suite à un tsunami et des incendies), l'église s'étant même effondrée sur les fidèles.

⇨ Pourquoi Dieu laisse advenir une telle tragédie ?

- **Deuxième déception** : Jacques, le bon croyant anabaptiste, **meurt noyé** en secourant le matelot, un vilain personnage. Finalement, c'est le matelot (un homme mauvais) qui est sain et sauf.

⇨ Pourquoi le bon croyant meurt, alors que le « méchant » survit ?

Il semblerait donc que Dieu, dans la vision de Voltaire, ait créé l'univers mais laisse vivre sa création **sans intervenir**. Ainsi, l'homme doit abandonner tout espoir de providence et **prendre son destin en main**, car ce sont ses actes qui pourront encourager le bien ou le mal. En cela, Voltaire semble bien croyant en Dieu (ce que certains avaient contesté) mais peut-être pense-t-il que Dieu n'intervient pas dans les affaires humaines. C'est ce que laisse penser le chapitre 30ème, où le sage derviche enseigne que de toute façon les affaires humaines sont trop peu importantes pour que Dieu s'en mêle (le derviche utilise la **métaphore des souris** : « *Quand sa Hautesse* – le sultan de Turquie – *envoie un vaisseau en Egypte, s'embarrasse-t-elle si des souris qui sont dans le vaisseau sont à leur aise ou non ?* »), et qu'il faut donc « *se taire* ».

---

[46] La Providence signifie « Dieu gouvernant la création ». Une personne croyant à la Providence pense que **Dieu décide du déroulement des événements et contrôle les choses**. Malgré les problèmes de la vie et la cruauté des hommes, le croyant pense que Dieu gouverne la vie des hommes de façon sage et omnisciente (Dieu sait tout et maîtrise tout).

L'utopie d'Eldorado et ses enseignements

Le pays d'Eldorado (chapitre 16ème à 18ème) paraît **irréalisable**, et Voltaire le sait. En effet, comment pourrait-on vivre dans un pays couvert d'or et de pierres précieuses, avec des hommes doux et bons, très soucieux du bien des autres ? L'écrivain sait que cela est **impossible**, car les hommes sont tels qu'ils sont.

Néanmoins, on peut tirer **quelques enseignements** de cet épisode.

-   Une **religion de bon sens** : les habitants d'Eldorado ne se querellent pas pour des prétextes religieux car ils ont la même croyance. Ils adorent Dieu **sans cérémoniels lourds** et **sans hiérarchie** (« *nous sommes tous prêtres* » - chapitre 18ème). Ils sont **reconnaissants** envers Dieu. De plus, les habitants **adorent un seul Dieu**, ce qui paraît **le plus simple et cohérent** (« *N'adorez-vous qu'un seul Dieu ? dit Cacambo (…) Apparemment, dit le vieillard, qu'il n'y en a ni deux, ni trois, ni quatre.* »). Cette croyance semble reposer sur une saine nature et un bon sens, puisque les questions de Cacambo surprennent le vieillard : « *Je vous avoue que les gens de votre monde font des questions bien singulières* ».

    ⇨   Tout ceci semble être une **contestation** du christianisme catholique, reposant sur une **hiérarchie** (avec le pape au sommet), et une **séparation trinitaire de Dieu** (« le père, le fils et le saint esprit »).[47]

Bonheur : la quête de l'homme

Au-delà des difficultés, la quête du bonheur est centrale : Candide **poursuit sans cesse le bonheur**, malgré les **difficultés** qu'il traverse (événements douloureux, folie des hommes…).

Le bonheur existe dans l'**Eldorado** (chapitre 18ème), mais c'est une utopie[48] : ce monde parfait n'est pas réaliste.

Il aboutit sur l'idée du **bonheur simple** : s'occuper de son « *jardin* », donc être indépendant et prendre soin de sa famille, de son entourage.

Une leçon du livre est que le **bonheur doit être vécu « ici et maintenant »** (« *hic et nunc* », en latin). Les hommes jouissent d'un **droit au bonheur** dont ils doivent user avec modération. La philosophie des Lumières défend ainsi l'idée d'un **bonheur terrestre possible**, contrairement à certains prêcheurs religieux qui promettent la félicité[49] après la mort tout en repoussant le bonheur sur terre. Cette conception semble se rapprocher de la **philosophie stoïcienne**, incarnée par Sénèque ou Marc-Aurèle : une acceptation digne des épreuves, une jouissance modeste de la vie et de la modération.

---

[47] Nul doute que ces propos ont froissé bon nombre de catholiques. On peut comprendre pourquoi Voltaire tenait à brouiller les pistes et à ne pas revendiquer la paternité de ses œuvres.

[48] L'utopie est un **idéal** qui ne tient pas compte de la réalité et paraît irréalisable.

[49] Bonheur calme et durable

L'amour de la vie, malgré tout

Les hommes cherchent le bonheur mais **vivent des malheurs**. Et pourtant, ils continuent d'aimer la vie, comme l'illustre l'exemple de la vieille. Celle-ci a énormément souffert, pourtant elle **garde espoir** : « *je voulus cent fois me tuer, mais j'aimais encore la vie* ». Cette « *faiblesse ridicule* » pousse les hommes et les femmes à **avancer**.

D'ailleurs, même si les hommes souffrent, **bien peu se suicident** : ainsi, la vieille a connu seulement 12 personnes ayant mis fin à leurs jours. C'est beaucoup moins que le nombre de personnes souffrantes qu'elle a rencontrées. (chapitre 12ème).

Philosophie : bonne et mauvaise attitude

Dans *Candide*, Voltaire oppose deux visions :

Mauvaise attitude	Bonne attitude
Phraseurs + Religieux d'apparence	Gens doués d'esprit pratique + Croyants vertueux
Phraseurs : - **Pangloss** Perdu par son idéologie, il tente de tout justifier, même les pires tragédies. - **Martin** Inverse de Pangloss, il offre une vision hélas trop triste de la vie, qui ne semble se résumer qu'au travail. **Religieux d'apparence :** - Le **prédicateur** (chapitre 4) qui refuse de secourir Candide parce qu'il ne traite pas le pape d'Antéchrist. - Le **grand inquisiteur** qui adopte un mauvais comportement (fornication) et se montre superstitieux et cruel (voir l'autodafé du chapitre 6ème)	- Le **derviche** (chap. 30ème) : le bien et le mal existent, mais qu'importe ? Rien ne sert de faire de beaux discours. Le silence est la meilleure réponse. - **Jacques l'anabaptiste** : s'occupe de Candide avec bonté. Hélas, il meurt peu après. Les actes sont importants, plus que les mots. - **La vieille** : s'occupe de Candide avec bonté, sans mot dire au début. Elle est bienfaisante sans attendre en retour. - **Le vieillard turc** : « *bon musulman* », il ne se mêle pas de politique, se contente de travailler et de prendre soin de sa famille.

Les faits

La colonisation dénoncée

Voltaire exprime son désaccord face à la **colonisation** et à l'**exploitation des peuples** commise par les Européens.

On le voit dans le chapitre 14ème : les jésuites espagnols ont colonisé le Paraguay, et l'**inégalité règne** : « *Los Padres* [= Les Pères] *y ont tout, et les peuples rien* ». Idem au Surinam, où les esclaves sont maltraités par les Hollandais.

Critique des scientifiques ridicules

Dans le chapitre 22ème, **Candide se voit confisquer son mouton rouge**, pour quelque prix étrange décerné par l'académie des sciences de Bordeaux. Or, le gagnant de ce prix apporte une démonstration douteuse : « *le prix fut adjugé à un savant du Nord, qui démontra par A, plus B, moins C divisé par Z, que le mouton devait être rouge, et mourir de la clavelée* ».

Cette anecdote vise à **dénoncer le ridicule** de certaines académies et leurs savants. En effet, Voltaire avait été frappé de ces aberrations lors d'un séjour à Berlin. Le bibliographe Beuchot (1777-1851), annotateur de Candide, écrit : « *Quelques progrès que les sciences aient faits, il est impossible que, sur dix mille hommes qui les cultivent en Europe, et sur trois cents académies qui y sont établies, il ne se trouve point quelque académie qui propose des prix ridicules, et quelques savants qui fassent d'étranges applications des sciences les plus utiles.* **Ce ridicule avait frappé M. de Voltaire dans son séjour à Berlin.** *Les savants du Nord conservaient encore à cette époque quelques restes de l'ancienne barbarie scolastique ; et la philosophie hardie, mais hypothétique et absurde de Leibnitz, n'avait pas contribué à les en dépouiller.* »

L'ennui : un fléau pour les hommes

Dans *Candide*, Voltaire **critique l'ennui** et vante le travail (voir le chapitre suivant).

Ce sont les **gens aisés** qui souffrent le plus de ce fléau : le sénateur Pococurante vit dans un luxe inimaginable mais **s'ennuie désespérément**.

Dans le dernier chapitre, l'**ennui** du clan de Candide est la source de leurs difficultés et de leur mal-être ; la « vieille » évoque ce **fardeau de l'ennui** : « *lequel est le pire, ou d'être violée (…), d'avoir une fesse coupée (…), d'être fouetté et pendu (…)* **ou bien de rester ici à ne rien faire ?** » (chapitre 30ème). Ces propos forts montrent à quel point on peut en souffrir.

Seul le **recours au travail** les fait sortir de cette « *léthargie de l'ennui* », comme le dit Martin au chapitre 30ème.

Le travail : un bienfait pour les hommes

Le travail est **encouragé** par Voltaire (par la voix d'un vieux turc) comme on le lit dans la conclusion de Candide, au chapitre 30ème : « *Le travail éloigne de nous trois grands maux : l'ennui, le vice et le besoin* ».[50]

Voltaire réaffirmera son opinion dans une lettre de 1754 : « *J'ai toujours regardé le travail comme **la plus grande consolation** pour les malheurs inséparables de la condition humaine.* »

Si le travail est tant vanté, c'est aussi parce qu'il permet l'**ascension sociale** : ainsi, les bourgeois (non nobles) ont pu s'enrichir par leur travail. Le père Arouet s'est même enrichi grâce au textile, et Voltaire lui-même s'est constitué des rentes dans le commerce (et certains disent, dans la spéculation).

En parallèle, le philosophe critique une certaine **noblesse** devenue paresseuse : ainsi, le comportement d'une partie des nobles (la noblesse de cour) est dénoncé par Voltaire. Ces riches individus **profitent de leurs privilèges au détriment du peuple** : ils se vautrent égoïstement dans le **luxe**, la **paresse** et les **plaisirs**.

Ainsi, en vantant le travail, Voltaire critique aussi les fainéants.

---

[50] On note qu'ici, l'**ennui** est mentionné en premier, signe peut-être de sa gravité particulière.

Les vertus du voyage

Le voyage tient une **place importante** dans l'œuvre de Voltaire. Les excursions de Candide lui permettent de **grandir** et de **mûrir**, en étant confronté à des histoires parfois rocambolesques. Il permet aussi de ne pas **rester sur ses idées préconçues et ses préjugés**. Ainsi, au chapitre 18ème, Candide conclut sur les vertus du voyage : « *Si notre ami Pangloss avait vu Eldorado, il n'aurait plus dit que le château de Thunder-ten-tronckh était ce qu'il y avait de mieux sur la terre ; **il est certain qu'il faut voyager.*** »

L'œuvre de Voltaire s'inscrit dans la **mode** du XVIIIème siècle, qui connaît beaucoup de récits de voyage : *Micromégas* (Voltaire), *Manon Lescaut* (Abbé Prévost), *Jacques le Fataliste* (Diderot).

On s'éloigne ici de la pensée classique, qui pouvait considérer l'envie de voyager comme un **défaut** (la Bruyère écrit, dans *Les Caractères* : « *Quelques-uns achèvent de se corrompre par de longs voyages* »).

Le temps et ses ravages

Le temps est central dans l'œuvre de Voltaire.

Dans le conte, les personnages subissent les effets du **temps qui passe** :

- Cunégonde, au départ une belle jeune femme, devient **laide** et **fatiguée**.
- Pangloss devient **borgne** et **perd des dents**. Il tombe **malade**.
- La vieille a connu des **souffrances inimaginables**.
- La servante Paquette sombre dans la prostitution et s'enfonce dans la pauvreté.

Seul Candide **semble épargné par les affres du temps**.

En outre, si le temps détruit les corps, il permet cependant à l'âme de **grandir** : il faut que l'homme utilise le temps pour **acquérir de l'expérience** et réussir à tirer le meilleur de ses jours.

On remarque que Voltaire voit le temps sous l'angle **romanesque** (avec une intrigue, des rebondissements propres au roman). On ne retrouve pas la conception **lyrique et poétique** qu'en ont d'autres écrivains. Ainsi, pour les Romantiques, le temps rappelle des **souvenirs**, évoque la **nostalgie** et les **bons moments** (voir Rousseau, Goethe). Pour d'autres, il faut savoir s'arrêter devant le temps qui fuit et **profiter de l'instant présent** (voir Ronsard, Lamartine, Baudelaire, et la notion de « *carpe diem* »[51]). Les personnages de Candide ne sont pas dans cette démarche : on vit le temps comme **action**.

---

[51] « *Carpe diem* » est une expression latine signifiant « cueille le jour » : on doit profiter du moment présent et des joies que peut nous apporter la vie.

Critique de la guerre

Choqué par l'affreuse **Guerre de Sept Ans** (1756-1763), l'auteur de *Candide* va dénoncer l'absurdité et la barbarie de la guerre de plusieurs façons :

- L'épisode de la guerre entre Abares et Bulgares (chapitre 2ème) illustre **l'horreur des combats**.
- Les **motifs futiles** de la guerre sont dénoncés dans le chapitre 23ème : les nations « *sont en guerre pour quelques arpents de neige vers le Canada* ». En résumé, les hommes meurent pour gagner un peu de territoire.

Le mal de la politique

Voltaire se montre **très critique** envers les dirigeants. Il fait la satire [52] des gouvernements corrompus qui règnent partout dans le monde (sauf dans l'Eldorado).

Cette **corruption généralisée** semble être une fatalité qu'on **ne peut pas changer**. Elle affecte toutes les sociétés :

- Les **Anglais** se montrent cruels envers leur amiral, pour la simple raison qu'il n'a pas « *tout fait* » pour gagner une bataille.

- Le **Maroc** « *nageait dans le sang* » (chapitre 11ème) à cause de « *cinquante guerres civiles* » : chacun des 50 fils de l'empereur Muley-Ismaël désirait prendre le pouvoir.

- Les **Turcs** voient aller et venir des bateaux de dignitaires (chapitre 30ème) : certains sont exilés, d'autres reviennent, et ainsi de suite. C'est le signe de **l'instabilité politique**, qui va jusqu'à l'horreur : « *on voyait des têtes proprement empaillées* », c'est-à-dire des **têtes décapitées** qui étaient envoyées au sultan. On lit encore d'autres atrocités : on a « *étranglé* » des vizirs et le muphti, « *empalé* » leurs amis…

Cela conduit Candide à s'**isoler** dans sa petite communauté pour s'occuper de son jardin et sa famille, plutôt que de s'investir dans les affaires publiques.

---

[52] La **satire** est une critique moqueuse, souvent comique, visant à provoquer, faire réfléchir et amener un changement.

La royauté et la cour royale : une critique de fond

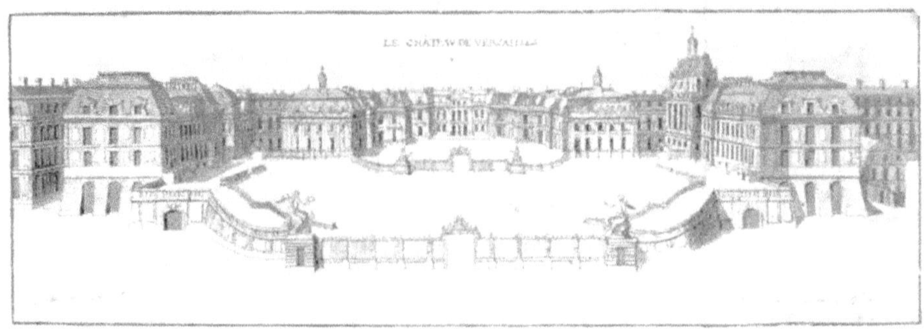

Voltaire critique les **manières exagérées** des dirigeants, princes, rois.

En effet, il utilise l'exemple de l'Eldorado (chapitre 18ème) pour faire sa comparaison : la cour et le roi d'Eldorado se distinguent par leur **simplicité** et leur **gentillesse**. Tel n'est pas le cas d'autres dirigeants (on peut penser au gouverneur détestable de Buénos-Aires, au chapitre 13ème).

La cruauté de l'esclavage dénoncée

L'exploitation des esclaves est dénoncée dans l'épisode du « *nègre* » (chapitre 19ème), sous plusieurs aspects :

- **Les mensonges** : on fait croire aux Africains qu'ils seront bien traités par leurs maîtres. Ainsi, la mère du nègre lui avait dit : « *Mon cher enfant (…) tu as l'honneur d'être esclave de nos seigneurs les blancs* ».
- **Les traitements inhumains** : lorsque l'esclave a eu son doigt pris dans la machine, on lui a **enlevé la main**. Et quand il a tenté de s'enfuir, on lui a **coupé la jambe gauche**.

Voltaire **accuse donc les esclavagistes**, mais aussi **les Européens qui ne sont pas conscients** de ces barbaries. Les **pleurs** de Candide illustrent bien l'injustice qui a lieu devant ses yeux ; il est triste de ces horreurs, mais est-ce que les habitants d'Europe agiront pour faire cesser cet esclavage ? Rien n'est moins sûr.

L'importance de la nature

La nature est incarnée par le **jardin**, lieu qui revient souvent : celui du château de Thunder-ten-tronckh en Westphalie, celui de l'Eldorado, celui du vieux Turc, et enfin le jardin de Candide à la fin du conte.

Il symbolise la **source dans laquelle l'homme doit puiser** : le **jardin physique** est le lieu où l'on cueille les fruits (nourriture matérielle), et le **jardin spirituel** est le savoir que l'homme doit utiliser pour bien mener sa vie.

Le jardin reflète aussi la philosophie de Voltaire : **on ne peut pas changer le monde**, mais on peut agir sur son environnement immédiat. Plutôt que de faire de grands discours, il faut **se contenter de ce qu'on a** en **vivant de façon simple et sobre** dans son modeste habitat, et en **travaillant** de son mieux.

Perspectives contemporaines

Certains des sujets de *Candide* peuvent trouver un écho dans notre société actuelle.

L'exploitation des hommes

L'épisode de l'esclave amputé (chapitre 19ème) suggère l'idée que le **malheur des uns fait le bonheur des autres**. À l'époque, pour pouvoir manger du sucre en Europe, il fallait exploiter des esclaves en Amérique. Est-ce une époque complètement révolue ?

Aujourd'hui, on peut mettre en perspective ce constat avec notre mode de vie :

- Nos **vêtements** proviennent de pays asiatiques (comme le Bangladesh), où la main d'œuvre est bon marché et les **êtres humains exploités** (dangers divers, problèmes sanitaires – liés par exemple à la toxicité des produits utilisés – rémunération très faible…)

- Des **matières premières** sont extraites en partie par des personnes exploitées : le **cacao** et le **coton** par des enfants ou de très jeunes hommes en Afrique, l'**uranium**, le **cobalt** et l'**or** souvent par des hommes subissant des risques importants (émanations de poussières, risques sanitaires à cause des produits chimiques utilisés comme le cyanure, effondrements, etc.)

- Nos **appareils électroniques** sont souvent montés en Chine, où les conditions de travail ont longtemps été dénoncées (notamment les scandales liés à l'entreprise taïwanaise Foxconn)

Aux abords d'une usine Foxconn, en 2015. Des filets "anti-suicides" avaient été installés car des jeunes employés sautaient par la fenêtre, épuisés par le travail.

Un mot de l'auteur

Avant de me concentrer sur mon travail d'enseignant, j'ai suivi un parcours juridique ; titulaire d'une maîtrise en droit des affaires et de deux master 2, j'ai obtenu le CAPA (diplôme d'avocat) en 2013. Par la suite, j'ai effectué de nombreuses années de cours particuliers, et enseigné dans différentes structures : collège, lycée et associations.

Mon objectif était de vous apporter le maximum d'informations autour de cette œuvre, en un minimum de temps. Même si Internet est une mine d'or d'informations, il est difficile de trouver les ressources essentielles et de les synthétiser. Conscient des difficultés à comprendre et mémoriser les œuvres littéraires, j'ai eu l'intention de faciliter les choses aux étudiants. J'espère avoir atteint cet objectif.

Si vous avez apprécié ce travail, je vous serais très reconnaissant de déposer un avis positif sur le livre. Ces avis sont très précieux pour les auteurs et les aide à se faire connaître.

Je vous souhaite une très bonne continuation et beaucoup de réussite.

Frédéric Lippold

Autres ouvrages du même auteur

- *« Fiche de lecture illustrée - Rhinocéros, d'Eugène Ionesco »*
- *« Fiche de lecture illustrée - Eldorado, de Laurent Gaudé »*
- *« Fiche de lecture illustrée - La Ferme des Animaux, de George Orwell »*
- *« Fiche de lecture illustrée - L'Etranger, d'Albert Camus »*
- *« L'essentiel du livre : L'homme le plus riche de Babylone »*
- *« Comment réussir ses études : conseils et méthodes pour exceller après le bac »*

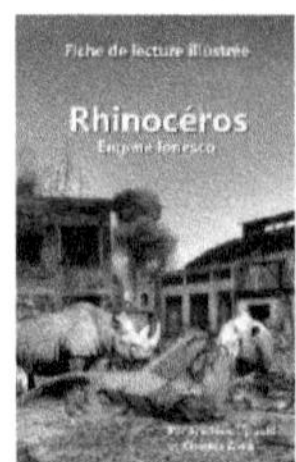

Mentions légales

ISBN-13 : 9798649998963

Dépôt légal : juin 2020

Photo de couverture : « *Coucher de soleil à Ischia* » (1857), Ivan Aïvazovski (1817-1900)

Illustrations : Jean-Michel Moreau (1741-1814), Adrien Moreau (1843-1906), *inter alia*